麦迪时刻

T-MAC

Tracy McGrady

纪念版

苏化语○著

北京时代华文书局

图书在版编目（CIP）数据

麦迪时刻 / 苏化语著 . — 北京 : 北京时代华文书局 , 2022.4
ISBN 978-7-5699-4564-5

Ⅰ . ①麦… Ⅱ . ①苏… Ⅲ . ①麦迪－生平事迹 Ⅳ . ① K837.125.47

中国版本图书馆 CIP 数据核字 (2022) 第 041437 号

麦迪时刻

MAIDI SHIKE

著　　者 | 苏化语

出 版 人 | 陈　涛
选题策划 | 董振伟　直笔体育
责任编辑 | 张彦翔
执行编辑 | 黄娴懿
责任校对 | 周连杰
装帧设计 | 程　慧　迟　稳
责任印制 | 訾　敬

出版发行 | 北京时代华文书局 http://www.bjsdsj.com.cn
北京市东城区安定门外大街 138 号皇城国际大厦 A 座 8 楼
邮编：100011　电话：010 - 64267955　64267677
印　　刷 | 河北京平诚乾印刷有限公司　010-60247905
（如发现印装质量问题，请与印刷厂联系调换）
开　　本 | 710 mm ×1000 mm　1/16　　印　　张 | 15　　字　　数 | 248 千字
版　　次 | 2022 年 4 月第 1 版　　印　　次 | 2022 年 4 月第 1 次印刷
书　　号 | ISBN 978-7-5699-4564-5
定　　价 | 48.00 元

本书图片由视觉中国提供。

前言

孤独巨星

体育是希望与遗憾的艺术，但当我们谈论名人堂级别的球员时，前者往往已经转化为已实现的成就，而后者基本不会在他们的回忆里占据主色调，那些像祥林嫂一样耿耿于怀念叨着“如果”的人，几乎从来不会是体育世界的超级巨星。

除了特雷西·麦克格雷迪。

“我的整个职业生涯都写满了‘如果’，兄弟。”这是麦迪的原话：“如果我留在多伦多，继续跟文斯·卡特在一起？如果我在奥兰多的时候能有一个健康的格兰特·希尔？如果火箭队得到罗恩·阿泰斯特的时候我能保持健康，故事又会变得怎样？我们当时已经在第一轮击败了波特兰开拓者队，在第二轮把洛杉矶湖人队逼到了第七场，在没有我也没有姚明的情况下。”

他本可以成为世界之王。

以下是两个球员从2001年到2008年的季后赛表现数据，其中一个是科比·布莱恩特（102场），另一个是麦迪（35场）：

A：场均上场43.4分钟、28.4分、5.7个篮板、5.3次助攻、命中率45%、三分命中率33%、罚球命中率81%、22.6次出手、8.3次罚球、PER（Player Efficiency Rating，效率值）22.5、USG%（Usage Percentage，使用率）31.1%；

B：场均上场42.6分钟、29.5分、6.9个篮板、6.5次助攻、命中率43%、三分命中率30%、罚球命中率75%、24.5次出手、9.1次罚球、PER25.4、USG%35.3%。

考虑到科比是季后赛里出名的“关键先生”，你可能很容易将B球员换成他的名字，然而那却是麦迪燃尽心血的35场季后赛。在那35场艰难的战役中，大部分时间他都是孤身一个人，扛着一整支天赋平平的球队，去与阵容更强大、排名更靠前的对手战斗，他打出了超级球星的数据，他创造了许多难以忘怀的回忆，这些都将永远写进他的传奇里。

你可能会争辩：超级球星应当带领球队赢下一个系列赛！

然而，麦迪没有，他从来没有打破过季后赛首轮的迷障，直到他在2013年加入圣安东尼奥马刺队，但那个时候，他已经是个看饮水机的“吉祥物”，只有球队领先或者落后超过15分的时候才会被派上场，所以当马刺队进入第二轮甚至总决赛的时候，他们的成功与麦迪其实也没有多少关系。

科比的身边永远有“禅师”菲尔·杰克逊，最开始他有沙奎尔·奥尼尔，后来他有保罗·加索尔，还有拉马尔·奥多姆、罗伯特·霍里、德里克·费舍尔，许许多多的人与他一起共同书写了传奇。而麦迪身边最好的队友是姚明（他们只在一起健康地打了两个赛季，而且当时阵中几乎没有合格的角色球员）、格兰特·希尔（在四个赛季的时间里，他们总共在一起打了46场比赛）、新秀阶段的迈克·米勒、39岁以后的穆托姆博、基本打不动了的帕特里克·尤因和真的完全打不动了的肖恩·坎普。

他倒霉得太久、孤单得太久、独自努力了太久，以至于后来媒体和球迷听到麦迪抱怨身边没有好队友就觉得烦，甚至就连奥兰多魔术队的总经理都认为这是麦迪给自己无法带队冲到第二轮而找的借口，很多人都得独自扛起球队，你这点小事至于吗？

但当一切都尘埃落定，我们往回再看。当球迷们提起科比职业生涯的低谷，在奥尼尔离开之后，加索尔到来之前的那段时间：黑曼巴被迫与夸梅·布朗、斯马什·帕克组队征战，我们都会为科比感到由衷的惋惜，认为那样的球队完全浪费了他的天赋和时间。然而从2001年到2008年，麦迪职业生涯里最黄金的阶段，他的季后赛队友完整名单如下：

达雷尔·阿姆斯特朗、博·奥特洛、安德鲁·德克勒克、迈克·米勒、帕特·加里蒂、霍雷斯·格兰特、蒙蒂·威廉姆斯、雅克·沃恩、戈登·吉里塞克、德鲁·古登、姚明、大卫·韦斯利、鲍勃·苏拉、莱恩·鲍文、斯科特·帕吉特、肖恩·巴蒂尔、拉夫·阿尔斯通、查克·海耶斯、路易斯·斯科拉、迪肯贝·穆托姆博、鲍比·杰克逊。

自“魔术师”约翰逊和“大鸟”伯德把NBA变成一个受欢迎的商业联盟以来，就没有任何一个超级球星有这样糟糕的运气，甚至连凯文·加内特在明尼苏达森林狼队的队友都比这强。麦迪看着自己的朋友们快乐地收获一座又一座奖杯，他感到委屈：“科比有沙奎尔·奥尼尔、保罗·加索尔，蒂姆·邓肯有大卫·罗宾逊、托尼·帕克、马努·吉诺比利和科怀·伦纳德，而我总是一个人。”他说，“以前加内特是那个被媒体口诛笔伐的家伙，在森林狼队的时候，他也连续七年倒在季后赛第一轮，但是球队管理层给他找来了萨姆·卡塞尔、拉特里尔·斯普雷威尔和沃利·斯泽比亚克，森林狼队就进入了西部决赛。再然后，加内特就去波士顿跟保罗·皮尔斯和雷·阿伦组团，最终他们拿到了总冠军。”

麦迪甚至倒霉到连大牌抱团这种事情都能搞砸，2000年夏天魔术队的“超级球队”计划因为希尔的受伤而变成了一场笑话。而当麦迪的球队终于为他凑齐了争冠必需的拼图时，他和姚明这两个球队核心又开始接连受伤。以他的天赋，本来拥有那么多余力可以从容选择一条道路去获得成功，但在命运的迷宫里，似乎每一次他都在错误的路口转变了方向。

难得的激情总枉费，如今，麦迪已经正式步入名人堂，他是NBA历史上不可忘却的传奇，但他还是会不断去想无数个“如果”。看着现在的小球风格，看着从小崇拜并模仿着他的凯文·杜兰特，在新时代的NBA里如何摘取了一个又一个冠军，麦迪忍不住又开口：“如果我晚生几年，如果我的职业生涯是处在现在的这个时代里，那么又会如何呢？”

别怕，你将无人可替代。

Centinela Freeman
Centinela Freeman
Centinela Freeman
Centinela Freeman
Centinela Freeman
DIRECTV
Sempra Energy
THE HOME DEPOT
McDonald's

GAME TIME
BUDWEISER
Centinela Freeman
Sempra Energy
TOYOTA
LA HOU
PEPSI
STAPLES
8:33
21
Clippers
42
5
ROCKETS
7
DODGE

目录
CONTENTS

RAPTORS
1

PART1

横空出世
技惊四座

第 1 章

逃离家乡

很多年以后，特雷西·麦克格雷迪走过家乡的小道，看着自己童年时生活的房子，和明显与繁华都市截然相反的破落小镇，在镜头的注视下，他会说："这就是奥本代尔，蛮荒之地，一切开始的地方。"

蛮荒之地

1979年5月24日，特雷西·麦克格雷迪出生于佛罗里达中部的一个叫巴托的小城市。他的母亲梅拉尼斯当时不到20岁，她跟麦迪的父亲没有结婚，他们是一对高中生情侣，在麦迪出生之后这段关系就断了。所以没过多久，梅拉尼斯就搬回了自己的家乡，向她的母亲、麦迪的外婆罗伯塔寻求帮助。

他们的家乡就是奥本代尔。

奥本代尔是个很小的镇子，位于奥兰多和坦帕这两个大城市之间，人口只有11000人左右。麦迪和他的母亲还有外祖母生活在一片叫"小山"（The Hill）的居民区里，尽管那里根本没有山。"我外婆总是喜欢去钓鱼，然后我们晚上就会吃煎鱼，那变成了一种家庭传统。" 麦迪后来回忆道。

他住在林肯路上，他的旧家门前有一道门廊，并不宽大，总共也就是大概20步的长度，但足以让他们一家三口和一个客人在廊下闲话家常。他的朋友们也都是他的邻居，从他家门廊出发拐一个弯，就是好朋友瓦妮莎·琼斯住的地方，再往左手边走过两座小房子就到了堂弟莱恩·麦克格雷迪的家，然后莱恩家隔壁的隔壁，就住着麦迪的表弟科雷·贝斯。他们四个人，住在150米的距离之内，是彼此童年时代最好的朋友。

"我们在街上打橄榄球，打棒球，或者做任何事情。"麦迪说。那是非常简单的生活，只要他们注意远离几个臭名昭著的街区。即使是"蛮荒之地"，小孩子们总还是能得到一些庇护的，只要避开霍普区和霍布斯区，他们就能避开毒品、枪支和各种各样的罪行。

一开始小孩子们还多少有些不知天高地厚，直到麦迪看见自己的橄榄球教练因为贩毒被警察逮捕，紧接着又有一次，他翻过栏杆正要接近那个被严格禁止靠近的街区，却发现地上躺着一具尸体。那个人很明显死于枪击，他的腿几乎被完全炸飞，掉在了躯体旁边好几步的地方。

“我整个人都吓傻了。”麦迪回忆道，当时的他还不到10岁，“在那之后我完全变了个样，我对自己说，哥们儿，这是真的吓人。我不想变成这样，一点儿也不想。”

一鸣惊人

逃离奥本代尔的契机出现在1995年，麦迪16岁的时候。关键人物：阿尔维斯·史密斯——阿迪达斯当时派在佛罗里达州四处寻找篮球好苗子的球探。

史密斯当时28岁，他以前也是一个高中篮球明星，曾经获得过南佛罗里达大学的篮球奖学金，但因为SAT（Scholastic Assessment Test，学术能力评估测试）成绩不够最终没能上大学，于是他从军，之后退役，后来被阿迪达斯雇用为顾问。

“我当时的工作就是在佛罗里达州推广阿迪达斯的篮球鞋。”史密斯说，这也就意味着要拜访州内的各个高中篮球队，无论是多么小、多么不知名的高中，他都要跟他们建立起良好的关系。他还代表阿迪达斯去赞助夏季篮球训练营，找到一些未被发掘的年轻新星，希望他们未来能成为阿迪达斯的签约球员。所以，1995年史密斯出现在了一场AAU（Amateur Athletic Union，美国业余体育联合会）篮球赛的观众席上，他有个朋友强烈推荐他着重注意那个叫特雷西·麦克格雷迪的小孩，奥本代尔高中二年级的篮球运动员，被朋友们称为“南瓜头”，因为他的身体实在太瘦太薄了，让他看起来就像是一个长着南瓜脑袋的火柴人。但是这个孩子会打球，史密斯的朋友认为他的篮球天赋极佳。事实上，这一年麦迪场均能拿到23.1分和12.2个篮板，但只有非常忠实的佛罗里达本地球迷才听说过他的名字。

于是史密斯到了现场。**“我只看了半场比赛就下定决心。”史密斯**

说，“我必须得到这个孩子。”

史密斯在赛后找到了麦迪，告诉他要去报一个暑期班，提升学习成绩，然后他就会把他安排进阿迪达斯赞助的一支球队，然后代表佛罗里达去参加拉斯维加斯的一个高中生篮球锦标赛。最重要的是，史密斯还保证会邀请麦迪进入一个阿迪达斯的特约训练营，在那里，他能够跟全国最顶尖的高中生篮球运动员们一起训练、比赛，他能够向全国最具影响力的球探、大学招生组和媒体记者展示自己的能力。

这并不是一个轻松的承诺。即使麦迪具有无可否认的天赋，但当时整个美国几乎没有几个人听说过他的名字，他的球队排名很低，他所在的小镇非常偏僻，在流行的几个全美高中生篮球运动员排行榜单上，麦迪几乎都没排进前500名。“索尼当时表现得挺明显，就不想让我去训练营。”麦迪回忆说。

他提到的索尼，就是阿迪达斯当时的篮球活动总监索尼·瓦卡洛。史密斯从高中时代就认识了瓦卡洛，他在阿迪达斯的工作也是瓦卡洛安排的，所以，尽管瓦卡洛没听说过麦迪这个人，但他还算重视史密斯的意见。更何况，耐克是当时行业的领头羊，不仅占据着47%的全美篮球鞋市场，而且在签约年轻球员方面一向表现得非常疯狂。“如果我们犹豫不决，耐克一旦发现了他，他们一定不会放过这个机会的。”史密斯说，“耐克想签的球员，就是谁也夺不走的了。”最终，史密斯成功说服了瓦卡洛。

于是几个月之后，**1996年7月5日，麦迪踏入了那个改变他一生命运的训练营——阿迪达斯ABCD训练营。**

这是麦迪在17年的人生里参加的第一个训练营，他没什么钱，也没见过什么世面，兜里只揣着25美元就来到了新泽西州，而他对所谓“高中篮球圈”的认知甚至比他的钱包还干净。比如说，当时公认的第一高中生是纽约的拉马尔·奥多姆，但麦迪从来没有听说过这个名字。“当时麦迪穿着175号球衣。”史密斯说，“第一场比赛就在拉马尔面前拿下了30分，我还看见他在拉马尔头上至少扣篮两次。那些大学招生组的人一直在问，那个175号是谁？他是从哪里蹦出来的？索尼也不住地问我，‘天啊，你到底是从哪里把这个孩子给挖出来的？’从那之后，麦迪就统治了整个训练营。”

不得不提的还有那个扣篮。在ABCD训练营上有一个广受好评的高中生内线球员，他叫詹姆斯·费尔顿，他在比赛中被分在了麦迪的对面球队。**麦迪运球到三分线外，放慢速度，注意到费尔顿要过来防守他，他两大步突到罚球线附近做出一个上篮的尝试。这时费尔顿冲了过来，跳起来想要封盖，但就在费尔顿的手指要碰到麦迪掌中的篮球时，麦迪以一个不可思议的姿态将球送到腰间，躲开防守，在空中停留半秒，然后暴扣入篮。**

这个扣篮永远改写了麦迪和费尔顿的人生。费尔顿从此产生心魔，一生碌碌无为，直至病痛过早地夺走他的生命。而麦迪，这个此前无人知晓的乡下小孩，从他落在地板上的那一刻起，就成了“下一个大人物”。“这是我人生中最棒的篮球记忆之一。”当天也在场上的奥多姆回忆说，“那个动作就是一种宣告，‘我一定会被NBA选中’的宣告，我从来没有见过任何人能做到这种事情，即使是在NBA也没有。”

12年后，麦迪在接受采访时想起当时的场景，也清晰地回忆起那一刻命运齿轮转动的力量。“在我完成那个扣篮之后，我感觉自己全身都起了鸡皮疙瘩。”他说，“那个动作将我放在了全美的篮球地图上。”

这是ABCD训练营史上最著名的“麻雀变凤凰”传说，在进营之前，麦迪是不在前500的无名小卒，等训练营结束之后，他已经是美国高中篮球圈子里不得不知道的新人物。在拉斯维加斯的比赛过后，他的排名飙升到了全国各大高中生榜单的前三名。

特雷西·麦克格雷迪，正式成为一颗冉冉升起的篮球新星。

良禽择木

几个月以来，史密斯一直有个大计划：要让麦迪转校到锡安山基督学院（以下简称锡安山）。锡安山是一个非常小的教会学校，位于北卡罗来纳州，全校从幼儿园到十二年级的学生加起来也只有200个。他们从十年前开始打造自己的篮球项目“神威勇士队”，尽管一直没出什么成绩，但学校跟阿迪达斯倒是一直有合作，后者给他们赞助运动装备。史密斯认为，麦迪加盟锡安山，将是双方都获得巨大收益的“双赢”选择。在他的坚持下，1996年春天，锡安山神威勇士队的主教练乔尔·霍普金斯，趁着在佛罗里达州度假的机会来到奥本代尔，跟麦迪及他的家人面谈。

麦迪一家的主要顾虑在于，锡安山是个严格的教会学校。霍普金斯在见麦迪第一面时就告诉他，如果想加入神威勇士队，他必须先把耳朵上的耳钉给摘掉。另外，锡安山还要求学生们每天早上晨跑7英里，而且还有门禁时间。“我当时不太明白这是什么情况，我的意思是，这都是些啥要求？”麦迪回忆说。他们一家并不是特别虔诚的教徒，按麦迪自己的说法，他从小每次去教堂都是因为要参加某人的葬礼，所以他甚至 “有点讨厌那个地方”。

但麦迪太想离开奥本代尔了。他如今已经意识到，留在老家永远不可能获得他想要的曝光度，雪上加霜的是，他最近还因为跟老师吵了一架而被禁赛，缺席了一场地区升级赛。

“在奥本代尔，我总是无法得偿所愿。”他说，“所以我告诉史密斯，我再也无法忍受了。”

于是在这次与霍普金斯的会谈之后，麦迪就决定退出学校的橄榄球队，他本来是个运动全能的孩子，棒球、橄榄球、篮球，无所不能。史密斯说：“放弃橄榄球是为了防止麦迪受伤，如果他在比赛里被冲撞，肩膀脱臼，或者手臂骨折，那他以后的篮球生涯怎么办？”但从奥本代尔高中的角度来看，这个情况无异于资本的掠夺：一个运动用品巨头发现了麦迪的天赋，于是就希望接管他的人生。

奥本代尔高中篮球队的主教练泰·威尔斯也是麦迪的启蒙教练，他从麦迪9

岁的时候就开始教他，他此前从来没听说过霍普金斯这个人，也对锡安山及“神威勇士队”一无所知，但他知道阿迪达斯，知道这些资本会控制年轻的天才，操纵他们的决定。“我的感觉是，如果一个球鞋公司能让一个充满天赋的孩子离开一项他热爱的运动，那就说明了很多事情。”威尔斯对自己的妻子说，“我唯一担心的是，他们可能会利用特雷西，他的利益会被资本巨头压榨。”

威尔斯做了最后一次努力，他请求奥本代尔高中的校长吉姆·帕泰恩去跟麦迪亲自谈一次。帕泰恩后来说，他在跟麦迪的谈话中发现，这个17岁的孩子确实有些犹豫，毕竟他从小生长在奥本代尔，他熟悉这里的一草一木，他也从来没有单独出过远门。

但麦迪最终做出了决定。
奥本代尔出局，锡安山获胜。

第 2 章

年度最佳

TM/© 199

跟所有转学生一样，麦迪一开始对陌生环境十分不适应。在北卡罗来纳州，他住在霍普金斯家里，还有霍普金斯的太太帕姆和他们的3个孩子，以及其他12个锡安山神威勇士队的球员。他们的闹钟每天准时在凌晨4点45分响起，然后开始晨跑。他们不能谈恋爱，不能逛街，不能听随身听，不能戴耳钉，要去教堂做15个小时的义工，每周还有圣经研究课。有无数次，麦迪都在问自己为什么要离开阳光灿烂的佛罗里达和自己亲爱的外婆、妈妈以及朋友们，为什么要来到这里吃这份苦。

“我哭了一个月。”麦迪说，“然后一切就开始变好。”他打电话告诉外婆，这里能让他成为一个更好的篮球运动员，和一个更好的人。

北卡第二

住在同一个屋檐下，过着同样艰苦的日子，这样的生活使得锡安山神威勇士队磨合成了全美最好的高中球队。尽管1996—1997赛季的赛程对他们来说非常艰难，神威勇士队全赛季一共只有6场主场比赛，却有22场客场比赛，但观众的嘘声和倒彩声反而助燃了他们的激情。神威勇士队在《今日美国》的高中篮球排行榜上排到了第二位，队中的NCAA（National Collegiate Athletic Association，全国大学体育协会）第一级别预备球员高达9人，甚至于，他们的替补小前锋布莱恩·威廉姆斯已经拿到了加利福尼亚大学和马里兰大学两所篮球强校的奖学金保证，但始终还在队中打不上主力。

当然，最神威的勇士还是麦迪。他在神威勇士队五个位置都打遍，而他的表演，简直是现代版的人类精华集锦。他的扣篮可以说是经典，但他的空中接力堪称神迹——有一次，他径直冲到底线外面然后绕过篮筐，最后起飞接球越过两个防守者完成空中接力扣篮。“我时常坐在板凳上看着他，倾倒于他这种卓绝技艺。”霍普金斯说，“他去打街球我都愿意花钱买票。”

神威勇士队助理教练克莱奥·希尔说得更直接：“当他状态开启的时候，你会很明显感觉到，他根本不属于这里。”

锡安山基督学院篮球馆

1997年1月10日，神威勇士队终于迎来了他们41天内的第一场主场比赛，而麦迪决心要让主场的观众们体会到什么叫物超所值。他在第一节就表演了四个能够印上海报的扣篮，第二节是3个三分球并且在53秒钟内砍下11分，第三节他改打控卫并且完全展现了他艺术一样的快攻传球，第四节他直接在前场断球然后通过一个反身暴扣结束了表演。他全场拿下了36分、11个篮板、7次助攻、3个封盖、4次抢断和惊人的8次扣篮，最终带领球队以92：44大胜对手。当比赛还有两分钟结束的时候，麦迪被替换下场，甚至连客队到场的球迷都开始狂嘘霍普金斯，抗议他提早结束了麦迪的表演。

有一名NBA球探在赛后喃喃自语，念出了那个在过去八个月里令所有看过麦迪打球的球探们都百思不得其解的问题："这个孩子到底是从哪里蹦出来的？"

1996—1997赛季结束的时候，锡安山神威勇士队的最终成绩是26胜2负，而麦迪凭借着场均27分、7个篮板、6次助攻和3次抢断的数据登上了各大榜单的前几名。《今日美国》把他评为年度最佳高中生，他进入了麦当劳全美第一阵容，**但谁都没有霍普金斯对麦迪的评价来得更为到位："麦迪是这个赛季里北卡罗来纳州内第二优秀的球员，仅次于维克森林大学的中锋蒂姆·邓肯，排在整支夏洛特黄蜂队之前。"**

资本教育

在篮球场之外，麦迪的学业也保持了一定的水平，他的SAT成绩不说多高，但考进大学是肯定没问题了。跟他无人问津的高三时期不同，他高四这一年，全国各地的大学招生组都纷纷向麦迪发来了邀请。麦迪考虑过要不要回到佛罗里达，佛罗里达大学和佛罗里达州立大学都是不错的选择，但肯塔基大学很快在这场招生争夺战中抢占了头名的位置。麦迪一直是肯塔基大学野猫队的球迷，而且那里还有传奇教练里克·皮

1996 年皮蒂诺带领肯塔基大学夺得 NCAA 锦标赛冠军

蒂诺，他有点期待在皮蒂诺的手下发挥自己的才华。

皮蒂诺当时过得并不太好。尽管肯塔基大学才刚刚夺得了1996年NCAA锦标赛的冠军，并且在新一年看起来依然是冠军的有力争夺者，但皮蒂诺在1997年招生季里不断被其他名校“截胡”，光是杜克大学就抢走了三个他特别看好的精英球员，在追逐麦迪之前，肯塔基大学只成功获得了两个排名前100的高中毕业生，但前10名，一个都没有。

“皮蒂诺一开始是广撒网式地招募球员，到了后来，他就开始把所有筹码都压在了麦迪身上。”北卡罗来纳州的大学篮球分析员泽科·马丁斯说。

皮蒂诺的战术成功了，麦迪被他和肯塔基大学打动，几乎就要确认加盟。“我想，既然我要上大学，那我就要去肯塔基大学。”麦迪说，“我去参观了肯塔基大学校园，德里克·安德森（肯塔基大学篮球队队员，1997年NBA选秀第13顺位，2006年随迈阿密热火队夺得NBA总冠军）带着我转了一圈，给我介绍了很多，我看见篮球队的所有队员都特别有精神，浑身上下都是艾迪堡（Eddie Bauer，美国中产阶级爱穿的一个户外品牌），我就决定了，我一定要来这里上大学。他们的球员休息室，无论是装饰还是里面用的东西都特别豪华，我当时就说‘就这儿了，我不必再去参观其他学校了’。”

就在麦迪与肯塔基大学的“联姻”就要板上钉钉的时候，意外出现了。有一天，神威勇士队主教练霍普金斯把麦迪叫到了他的办公室。

“听着，我知道你想去肯塔基，我知道你想去读大学，但我告诉你一件事，然后你就会把这件事忘到九霄云外去的。”教练说，“我收到了一份价值1200万美元的报价，这份报价是给你的。”

麦迪瞪大了眼睛：“1200万美元？谁会给我这么多钱？”

“阿迪达斯。他们想跟你签一份6年的赞助合同，总价值1200万美元。”

就这样，麦迪的大学梦被抛到了九霄云外。

花落猛龙

1997年的春末夏初，麦迪给自己买了一份礼物：一辆雷克萨斯跑车。这辆车花了他47000美元，对刚满18岁的孩子来说，这是份能称得上昂贵的礼物了，但考虑到他刚签下了1200万美元的赞助合同，这个价钱也不算什么。他离开奥本代尔那贫穷又危险的生活才仅仅一年，但在记忆里似乎很远了，他也不再过锡安山教会学校那样标准的清教徒生活，他开始尝试一种新的、奢华的、闪闪发光的生活方式，那是属于NBA球星的生活方式。

在过去的两个礼拜里，麦迪可以说是马不停蹄地在全美四处试训，在霍普金斯的陪同下，他总共接受了10支NBA球队的邀请试训和面谈采访。“在上个月以前，我这辈子就坐过一次飞机。”麦迪说，“但我现在的飞行经验已经丰富到坐飞机就像喝水一样平常了。”

他见到了很多曾经只能在电视上看见的人。噢，这是拉里·伯德，他现在是步行者队的新任主帅。嘿，那边是湖人队的杰里·韦斯特，你知道NBA的标识就是根据他的样子描绘的吗？啊，还有“微笑刺客”伊赛亚·托马斯，猛龙队的执行副总裁。这些篮球传奇们都对着麦迪露出了赞许的笑容，他们都看见了他身上潜藏着的无限可能性，谁都无法否认，麦迪具有卓绝的天赋。

但最令麦迪激动的是一次秘密的会议，在那里，他们讨论了一场秘密的交易。没有任何媒体知道这件事，只有参与会议的那几个人知情，直到二十多年后麦迪亲口揭秘的那一刻，也几乎没有人曾流露出对这件事的猜测：

芝加哥公牛队想要用斯科蒂·皮蓬交易麦迪的选秀权。

1997年，公牛队这时候已经完成两连冠了，他们在这一年夏天刚刚夺得了乔丹时代的第五个总冠军。作为迈克尔·乔丹的最佳辅助，皮蓬在球队中的作用当然非常重要，但他身上的伤病不轻，而且他也老了，公牛队总得为“后乔丹时代”早点做打算——选个年轻的天才，把他放在乔丹身边磨炼两年，然后顺利接班。他们是这样打算的。

而且，在当时看来，麦迪是一个跟皮蓬很像的球员：会得分，会传球，性格温和，不争不抢，甘愿辅佐别人统治全场。

于是，公牛队总经理杰里·克劳斯派出私人飞机，在选秀日的前两天，悄悄地把麦迪和霍普金斯请到了芝加哥，他们进行了交谈，克劳斯非常喜欢麦迪，他对麦迪说，他们想要在选秀中得到他，而公牛队自己的选秀顺位太低了，所以他们会拿出皮蓬这个筹码去交易他的选秀权。

麦迪又惊又喜。惊的当然是这个震撼的消息，尽管公牛队想要把皮蓬卖个好价钱的传闻已经满联盟乱飞了，但他们居然认为他值得一个皮蓬的价钱？这简直是不可思议。喜的是，这个世界上有任何一个年轻的篮球运动员不想跟“篮球之神”迈克尔·乔丹一起并肩作战吗？虽然麦迪成天嚷嚷着自己的偶像是蒂姆·哈达威，但他也不会不珍惜跟乔丹当队友的机会。

然后就到了1997年6月25日，选秀日。

这一年的选秀，头名的位置注定属于蒂姆·邓肯，圣安东尼奥马刺队在中了状元签之后相当于昭告天下，他们将毫不犹豫地选择这名来自美属维京群岛的大个子。基斯·范霍恩和昌西·比卢普斯大概会是第二、第三顺位的人选。但从第四顺位之后的任何时刻，麦迪的名字都可能被叫到。

第四顺位，温哥华灰熊队选择了安东尼奥·丹尼尔斯。

第五顺位，丹佛掘金队选择了托尼·巴蒂。

第六顺位，波士顿凯尔特人队，曾经孤注一掷追求麦迪却被麦迪放弃了承诺的皮蒂诺现在是绿衫军的新司令，坐拥两个高位秀的他已经用探花签摘下了比卢普斯，这一次，他放弃了麦迪，选择了自己的爱徒——来自肯塔基大学的罗恩·默塞尔。

第七顺位……第八顺位……

在时间的流逝中，麦迪终于收到了一个通知，那个他曾经被承诺过的交易，应该是不会实现了。当时他还不知道，TNT电视台的记者刚刚爆料了一个重磅消息：公牛队本来想把皮蓬交易到凯尔特人队，以换取一个高位选秀权，但就是在选秀日这天早上，乔丹给克劳斯打了个电话，并威胁说如果公牛队决定把皮蓬交易出去，那么自己会立刻宣布退役。

意识到自己无法与乔丹搭档的时候，麦迪不可避免地感到遗憾。再过20年，他会知道杰里·韦斯特也曾经在这次选秀中尝试过交易得到他，湖人队竟然曾做过麦迪与科比·布莱恩特还有沙奎尔·奥尼尔联合组成超级天才队伍的美梦。那个美梦美好到，当麦迪得知这段插曲的时候，即使中间已经过去了20年的时间，他也仍然感到了遗憾。

但当第九顺位到来，大卫·斯特恩念出“多伦多猛龙队选择了特雷西·麦克格雷迪”，这个年轻的小镇少年将这所有已知的、未知的遗憾抛诸脑后。

他走上舞台，全世界的目光都聚焦在他身上，他对着镜头露出一个腼腆又得意的微笑。

MAC

第3章

初来乍到

Basketball

NBA

1995年，NBA跨越国境，在加拿大两个最繁华的城市里各安家了一支球队。西边，是温哥华灰熊队（2001年，球队迁至美国孟菲斯市，更名为孟菲斯灰熊队），它可以与西雅图超音速队（2008年，球队迁至俄克拉荷马市，更名为俄克拉荷马城雷霆队）隔着国境线相望；东边就是多伦多猛龙队，越过尼亚加拉大瀑布，纽约州的风貌几乎触手可及。

在高中毕业之前，麦迪从来没有出过国，但从1997年6月25日之后，多伦多就是他的新家了。“我根本不知道多伦多在哪里，它到底有多冷，我在到那里之前根本无法想象。”麦迪说，“我才18岁，我能在那里干什么？”

意外之喜

像大多数初来乍到的新球队一样，猛龙队的开头也很慢热，他们在前两个赛季里总共只拿下了51个胜场。尽管如此，许多人相信他们的总经理、NBA传奇球星伊赛亚·托马斯能够为球队攒齐一副可以追逐总冠军的球队核心配置。他们也确实在三年中选了三个非常不错的球员：1995年，猛龙队用第七顺位选择了达蒙·斯塔德迈尔，他后来成了那个赛季的最佳新秀；1996年，猛龙队抽到榜眼签，他们摘下了马库斯·坎比；然后就是1997年，第九顺位，特雷西·麦克格雷迪。

猛龙队在选秀前邀请过麦迪来面试。他们对麦迪的评价与其他人并没有太大的差别：他身高2.03米，在经过几个月的力量训练之后，体重已经增加到了97公斤，虽然还是偏瘦，但看起来正在快速适应成年人的游戏。更值得一提的是他超凡的运动能力，NBA球探柯蒂斯·希尔说：“他的弹跳力比那些小个子们还好，而他的移动速度跟得分后卫和控球后卫们相比也毫不逊色，他一步跨得特别远，臂展也长，这是个怪物一样的新人。”

在进攻端，麦迪最强的武器是篮下得分，不仅因为他可以跳得比防守者们都高，还因为他拥有出众的滞空能力，这让他可以在空中调整姿态，避开防守，最终完成得分。他的跳投不算最强，但也非常可观，考虑到他的身高，他在外线跳投的时候几乎可以无视任何防守。

他在技术上最大的问题是防守端，但这可以理解，考虑到他的身体条件和球队水平，他在高中阶段几乎没有机会提高自己的防守能力，他只需要跳起来盖帽就可以了。但，在NBA，球员们会更高、更壮，运动能力更出色，麦迪能适应这个新的环境吗？

“微笑刺客”托马斯的答案毫不犹豫：“当然，他是所有候选新秀里面第二优秀的球员。”他说，“除了蒂姆·邓肯之外，特雷西就是最好的。”

但托马斯也没想到麦迪会留到第九顺位。在选秀日之前，普遍的猜测是麦迪会在前七顺位被选中，所以猛龙队的打算是选择法国球员塔里克·阿卜杜·瓦哈德，但当挑选新秀的时钟指针转向猛龙队，而麦迪还坐在小绿屋里，托马斯做出了决定。

在那个时候，麦迪是猛龙队最理想的选择，托马斯想要打造一种“小球阵容”。时光快进20年，这会是一个非常时髦的概念，在勇士队和骑士队发扬光大，统治了整个联盟，但在20年前，这个概念对大多数人来说还很陌生。

“那个时候，大前锋是那种力量和统治力的代名词，你必须非常强壮才能打那个位置，得分后卫需要跟在大前锋后面，而中锋是进攻的核心。”托马斯后来回忆说，“而当我打造那支猛龙队的时候，我就跟我们的球探团队和管理层说，我们需要找到一个办法去改变这个联盟的风格，这样我们才能打破传统。所以我们有了一个新战略，叫‘猛龙二号位’，就是说，我们需要有一个球员，他能胜任大前锋的位置，又拥有后卫的技术，他随时能够在大前锋和得分后卫（二号位）的位置中切换。”

于是托马斯交易得到了道格·克里斯蒂，然后他们选秀得到了达蒙·斯塔德迈尔、马库斯·坎比，到了1997年，他们又得到了麦迪。在20年后，当小球战术风靡联盟的时候，我们再回头去看这个配置，会发现它在纸面上是小球战术的天选配置，只可惜“猛龙二号位”战术刚刚开始实行，这个战术的“大脑”就早早分崩离析。

刺客风波

托马斯是猛龙队的一号员工。他在1994年退役，之后无缝衔接加入了猛龙队的管理层，他持有球队5%的股份。他是球队的执行副总裁，掌管着球队运营的一应事务，也是球队的头号代言人，是公众记住他们的最初印象。

“我付出了全部的心血。”托马斯这样描述他跟猛龙队的关系，“这是我第一次有机会成为球队的合伙人，我非常兴奋，也很激动，这将是我参与创建的球队。”

对于他亲手挑中的球员，比如麦迪，托马斯的关照超乎一个管理层对球员的期待，他希望他们能成为真正对社会有用的人。因此，托马斯给麦迪报了一所佛罗里达州的大学，让麦迪可以通过函授学习商业管理的课程：“我不希望我们队里有教育程度不够的孩子。”托马斯说，“如果有钱，但是没文化，这个组合就太糟糕了，这样的球员没比毒贩子好多少。”

麦迪慢慢消化着托马斯的哲学。训练和课程让他没空“学坏”，托马斯欣慰地表示，麦迪来到多伦多之后，一次都没有问过关于夜店或者其他“娱乐场所”的事情。他唯一的“叛逆”是打电话问托马斯，能不能帮他搞到一张NFL（National Football League，全国橄榄球联盟）布法罗比尔队对阵底特律雄狮队的球票，但在托马斯答应之后，麦迪发现，在连续的两个训练日之间，抽空从多伦多开车穿越国境到布法罗市看球再回来，并不是一件很容易的事情。“我要休息。”麦迪最后放弃了这个念头，他说，“我不能打破自己的作息规律。”

他太年轻了，仅仅18岁。对他来说，这个光鲜亮丽的联盟不仅意味着金钱和荣誉，也意味着压力。麦迪对自己的紧张毫不讳言：在他的第一场季前赛里，他全场比赛都一直在拽自己快要掉下来的短裤，直到赛后记者问他是不是裤子不合身，他才想起来原来自己忘了系腰带。

他进入了一种新的生活，而他还在适应这一切。但更糟糕的是，原本照顾着他的人，托马斯，还有队长斯塔德迈尔，都在突然之间离他而去。

1997年11月18日，星期二，伊赛亚·托马斯因为股权纠纷而被迫退出球队。他本来一直试图收购猛龙队，私下里也在收购一些小股东持有的股份，在他宣布退出时，他手里的股份已经从最初的5%扩大到了9%，但球队的控股权一直在亚伦·斯莱特那里，他们最终没有谈拢，托马斯宣布辞去执行副总裁的职务，也将卖出自己手里的股份。

托马斯的离开造成了连带效应。斯塔德迈尔对球队的情况非常不满，他向管理层要求交易，于是在交易截止期前，他被送去了波特兰开拓者队，基本上什么都没有换回来。而坎比的情况更糟，他在托马斯提出辞职的那天开始就一直在受伤，断断续续总共缺席了20场比赛，而且进攻端表现比他的新秀赛季大幅度下滑。

突然之间，麦迪原本的生活被颠覆了。他依然过着光鲜亮丽的生活，他穿着自己的签名款球鞋，他的脸被印在麦当劳的可乐杯子上，但当镁光灯撤下的时候，他会流露出茫然的神情。在一次《体育画报》的专访结束后，他跟记者一起离开球馆，走到一半的时候，他突然停下，转头问刚刚采访他的记者："让我来问你一个问题。"他的眼睛瞪得圆圆的，眼神里似有几分急迫，"你觉得我现在应该做什么呢？"

坎坷赛季

麦迪的新秀年过得非常混乱。一年之前，他是锡安山神威勇士队当之无愧的头号球星，在场上大杀四方，受到各个名校和球探的追捧；但现在，他坐在猛龙队板凳的末端，只能得到很少的上场机会，只有在比赛早早进入垃圾时间的时候，他出现在场上的时间才会多一点。

但这并不意味着轻松，跟着球队去各地打比赛本身对他来说也是一种负担，他无法得到足够的休息时间，至少对一个还在生长期的青少年来说，NBA球员的日程过于密集了。斯塔德迈尔说："他也没有筋疲力尽，但他还在成长，所以他就需要这些必要的睡眠。"

但他随时随地都能睡着的情况被许多人解读为懒惰，包括猛龙队当时的主帅达雷尔·沃克。沃克经常对媒体批评麦迪的职业精神，甚至公开发表言论，说他怀疑麦迪在联盟里坚持不到两个赛季。许多年后，麦迪会笑着说他觉得沃克之所以能得到猛龙队的主帅位置，只是因为托马斯的愧疚心理，因为托马斯曾经在球场上打伤过沃克。但当时，在18岁的麦迪的生活里，来自主帅的无理批评带来的只有崩溃。按阿尔维斯·史密斯的说法，麦迪的自信心"几乎被摧毁了"。

还有来自媒体的压力。马特·巴恩斯记得很清楚，麦迪比他大一岁，麦迪新秀年的时候，他也面临着选择大学的压力，而他的妈妈就会指着报纸对他说，你看，这么多人都在说麦迪直接进入NBA是一个错误的选择，所以你必须得读大学。

而球队的混乱更加剧了麦迪内心的混乱。在托马斯走了之后，斯塔德迈尔也离开了，而麦迪他们这届的探花秀昌西·比卢普斯来到了多伦多，但球队看起来也并没有把他长久留下的意思。在赛季过半的时候，猛龙队炒掉了沃克，原来的球队助理教练布奇·卡特被提拔为这支球队的新主帅。

在得到这个消息之后，麦迪团队立刻给卡特打了电话，并表示了对这个任命的强烈不满。"在我接到任命消息之后，最早打电话来的就是特雷西的高中教练霍普金斯，还有阿迪达斯的史密斯。他们跟我说，我肯定不行，我当主帅对特雷西来说是个糟透了的决定。"卡特后来回忆说，"而我只能跟他们说，先闭嘴吧，给我一点时间。"

卡特的到来，在短期内并没有改变麦迪在球队的处境，尽管麦迪在训练中的表现不错，但他的上场时间依然不多。卡特自己是NBA球员出身，在职业生涯结束后也曾执教过高中球队，他知道，如果贸然给年轻的孩子加太多重担，对他们的成长来说并非一件好事。"天赋在那里，但他们的身体还没成熟。"卡特说，"驯马师不会让两岁的马驹去跑赛马，因为它们身体还不成熟，年轻人也是一样，你需要给他们时间去强化他们的身体。你不能因为他在训练里面对道格·克里斯蒂表现不错，就决定给他更多的上场时间。”

卡特给麦迪制订了一个力量训练计划，期待麦迪能够尽快强壮起来，早日适

Raptors

应NBA赛场的强度。但他发现，自从全明星周末之后，麦迪的注意力似乎就有些飘了，他开始在训练中出工不出力。“他的心仿佛还留在佛罗里达。”卡特说。所以在全明星周末之后的第一场比赛，他没让麦迪上场。

麦迪在赛后跟他的教练进行了一番“热烈”的交流，在冷静下来后，两个人达成了一项协议：如果麦迪能够专注地进行一个小时的训练，那么卡特就会给他做出相应的奖励，比如说，增加他的上场时间。这一招见效了，到赛季末的时候，麦迪的数据明显得到提升，而他在最后20场比赛里还得到了17次首发机会。

在麦迪的新秀年，猛龙队一共输掉了66场比赛，麦迪场均上场18.4分钟，得到7分、4.2个篮板和1.5次助攻，而他的个人感受是：孤独，而且无所适从。很多年以后，当麦迪从NBA退役之后，他会对着镜头说，他觉得年轻的运动员还是应该上大学，最好是至少读两年，因为他有亲身经历，作为一个稚嫩的高中毕业生，突然进入成年猛兽们的战场，每天凌晨两三点到达一个新的城市，然后早上再继续起来训练，**他从身体到精神上都十分不适应，更别说要处理突然成为公众人物的复杂局面了。麦迪说，这是一种“文化震撼”。**

但是，如果回到当初，麦迪会拒绝阿迪达斯，选择去肯塔基大学读书吗？

“不，当然不会。”麦迪笑骂了一句，说，“那可是见鬼的1200万美元。”

NEW JERS
44
KITTLES
30

PART2

一脉同气
幼龙在渊

第 1 章

卡特降临

TORONTO
TORONTO
1

麦迪来到NBA的第二个赛季，情况立刻变得好多了。一方面，他逐渐适应了NBA的生活；另一方面，是因为文斯·卡特的到来。

一表三千里

特雷西·麦克格雷迪和文斯·卡特从小就认识，但是在麦迪已经决定参加选秀以后才熟起来的。1997年卡特在北卡罗来纳大学的教堂山校区念大二，马上就要升大三了，而教堂山离麦迪所在的锡安山也就20分钟的车程。当麦迪被多伦多猛龙队选中之后，他回到锡安山，借用北卡罗来纳大学的篮球馆继续他的夏季训练，而他训练时使用的更衣柜，正是文斯·卡特借给他的。

“这一带的篮球圈子也没有那么大。”卡特说，“我们以前在同一家AAU俱乐部，他在年龄比较小的队，我在年龄比较大的组，我们会互相看对方的比赛，也在一起打过街球，所以我们在来北卡罗来纳州之前就认识了。他需要一个更衣柜放他的装备，我就说，那我把我的借给你，然后我们那几周都在一起打球和训练。”

于是某一天，麦迪跟卡特说，他要暂停一次训练，因为他有个家庭聚会。卡特没多想，他说好啊，其实我也有个家庭聚会，但我要留在学校训练，所以我没法回去。这个时候，他们俩都不知道，他们在谈论的“家庭聚会”其实是同一个。

在这次家庭聚会上，麦迪被他的外婆介绍给了她哥哥的儿媳妇，也就是麦迪的表伯母。这位表伯母说，她的孙子也在北卡罗来纳州上学，而且也打篮球，她问麦迪是否认识他：“他叫文斯·卡特”。

麦迪震惊了：“我们当然认识！”他给表伯母讲了那个更衣柜的故事，然后迫不及待给卡特打电话：“我惊呆了，我必须立刻告诉文斯这件事情——我们竟然是亲戚！”

而卡特当时还在学校打球，他接到了自己祖母打来的电话，接通的时候，却听到一个年轻男子的声音：“老表（Cuz）！老表！你好啊！”

卡特完全懵了：“这是什么情况？你是哪位？”

“我是麦迪啊，T-MAC，T-MAC！”对面的声音说，“你听我说，我们是亲戚哇！”

当然，他们后来慢慢聊起来，才发现原来麦迪外婆的哥哥是卡特爷爷的继父，所以他们之间其实并没有血缘关系，但这遥远的亲戚关系已经足以让他们把对方视为家人。于是在后来的整个赛季里，麦迪在混乱的新秀年里为数不多的乐趣之一就是看卡特的比赛，然后给他打电话，提出各种建议。

“他整个赛季都在给我打电话。”卡特说，“他跟我说，要表现得更强势一点，展现出自己的统治力，这样才能在高位被选中。”

然后就到了1998年选秀日当天，卡特的名字被大卫·斯特恩念出来，他以为自己要去金州勇士队，但30秒之后，**斯特恩宣布，多伦多猛龙队用第四顺位的安托万·贾米森交易了金州勇士队刚刚用第五顺位选中的文斯·卡特和一些现金。**当卡特在惊讶中完成采访，回到后台的房间里，麦迪的电话又打了过来：

“我早就告诉过你对不对！”**麦迪在那边兴奋地吼道，“我们要在一起打球啦！”**

兄弟连心

虽然真按亲戚关系来说，麦迪得算是卡特的表叔，但卡特比麦迪大两岁，麦迪又比卡特早一年进联盟，在后来漫长的时间里，他们互相扶持，如同一对亲兄弟，就不必计较辈分的问题。

早在他们知道彼此是亲戚之前，麦迪对卡特就有非常深刻的印象。当时他们两人都在佛罗里达，在打AAU比赛的时候，两个年龄组的比赛常常是相继举行，于是他们有很多看彼此比赛的机会。而麦迪，对高中时期的卡特只有一个印象："怎么会有人跳得那么高？这是真实的人类吗？"

而大学时期的卡特更加夸张，在传奇教练迪恩·史密斯的带领下，他像是一只翅膀逐渐长成的雄鹰，自由翱翔在天空之中。作为球队核心之一，他和他的北卡柏油脚跟队连续两届打进NCAA最终四强，这为他最终成为高位乐透秀（乐透秀指NBA选秀中的前14顺位）奠定了基础。在卡特决定进入NBA选秀时，他的预测排名是第三名到第八名之间，猛龙队在乐透抽签中抽到了第四顺位。

"我那个时候跟我们教练的关系很亲密。"麦迪说，他指的是另一个卡特，当时猛龙队的教练布奇·卡特，"我一直在跟教练说，看看文斯吧，他真的很出色，他是这一届最值得期待的球员。"于是后来的故事大家就都知道了，多伦多确实从一开始就选择了卡特，只不过是通过交易的方式曲线操作了一番，卡特说，这也让他从最初就见识到了NBA关于生意的那一面。

卡特是幸运的，因为他来到NBA的道路，注定比麦迪少了很多曲折。"你问我刚进联盟的时候感觉如何？"在回答这个问题的时候，卡特大笑起来，"我是来跟家人一起打球的，所以那感觉简直是酷极了！"

他承认，麦迪给了他许多帮助，"特雷西刚刚作为新秀度过了充满挣扎的一年，所以他知道新秀在这个时候最需要什么，他指引着我，让我少走了很多弯路……对一个还在试图理解职业篮球是什么概念的年轻人来说，有这么一个人可以倾诉和讨论，是一件非常安心的事情。"所以，尽管卡特此前对多伦多和加拿大也是一无所知，但在异国他乡，他并不是孤单一人。

而卡特的到来，对麦迪来说也有巨大的意义。在经历过他称为“地狱一般”的新秀年之后，他终于得到了一个可以互相扶持的小伙伴，更棒的是，这个小伙伴还是他的家人。在逐步地交往之中，他们很快发现，他们都爱吃炸鸡和猪排，都爱听R&B（Rhythm and Blues，意为节奏蓝调）、饶舌和嘻哈音乐，都喜欢打麦登橄榄球系列游戏。很快地，他们就变得形影不离，经常留在对方的家里过夜，甚至于，他们的队友还曾经跟记者爆料，他们有时候被安排坐在球队大巴的两头，他们竟然还会拿出手机给彼此打电话聊天。“他们说他们是表亲。”猛龙队当时的后卫迪·布朗说，“但他们看起来更像是一对连体婴儿。”

文斯·卡特的到来不仅提升了麦迪的士气，他们两人在球场上的化学反应也无可比拟。卡特和麦迪的风格相似，两个人的弹跳力都极强，控球技术好，出球速度快，如果在外线得到机会，也能够远射得分。更妙的是，他们彼此还能互补，“特雷西的速度和远射能力让他可以胜任得分后卫的位置，而文斯则是个纯正的小前锋，所以我们能把他们同时放在场上，让他们彼此配合。”猛龙队总经理格伦·格朗沃德点评说。

“我和文斯，我们就是新世代。”麦迪骄傲地宣称，“有多少球队能同时拥有两个像我们这样令观众兴奋的球员？更何况，我们还是亲戚！”

珠玉在侧

媒体当然会比较他们，不幸的是，麦迪并不是更受青睐的那一个。尽管麦迪比他的新秀赛季打得明显要好，但在这一年，多伦多媒体的注意力无可避免地从麦迪转向了文斯·卡特。

在那个时候，卡特的球风更华丽，在球场上表现更成熟，甚至于，他在场下的风采也更让人神往。他可以从容地与球队赞助商代表一起打高尔夫球，跟那些VIP包厢贵客们谈论音乐和电影；他在高中时是篮球、田径和排球三栖的体育明星，他还写了他们学校的返校舞曲，按他妈妈的形容，是一首带有嘻哈节奏风格的流行音乐；他会吹萨克斯风，是校乐队的成员，他甚至每个假期都会参加乐队训练营。“我的朋友都会因此嘲笑我。”卡特说，“但我喜欢去尝试不同的事情，这样的尝试比我是不是能获得更多女孩子喜欢更重要。”

卡特没有文身，没有耳洞，他甚至还能兼顾学业，在他进入NBA的第一年，他利用业余时间和休赛期修了9个大学学分，预计很快就能获得他的社会学学位。他很快成了多伦多的宠儿，队友查尔斯·奥克利对卡特赞不绝口：“他每天训练都会投1500个跳投，并且努力加强在防守端的能力，看着吧，我有预感，他的努力很快就会见效。”

奥克利以前在公牛队打过球，是乔丹的前队友。更特别的是，因为乔丹也是北卡出身，他早就认识卡特，并且一直以来对这个年轻的后辈多加关照，所以当乔丹得知猛龙队选中了卡特，他就立刻给奥克利打电话，希望他能多照顾照顾这个新秀。所以，尽管奥克利在队里的年轻人面前尽力扮演了一个合格的庇护者形象，但他们都知道，他更看重的是谁。

卡特飞速地从年长的队友那里汲取经验和智慧，除了乔丹的前队友奥克利之外，他们队里还有“魔术师”约翰逊的前队友道格·克里斯蒂，拉里·伯德的前队友迪·布朗，他从他们那里听到传奇们的故事，并且试图运用到自己的比赛里。

而此时的麦迪，还在挣扎于如何成为一名稳定输出的职业球员。受到停摆的影响，NBA的1998—1999赛季实际上到1999年的第二个月才正式开始，而麦迪在这个赛季的表现，可以说是冰火两重天。他在4月17日击败纽约尼克斯队的比赛里，因为防守疏忽被教练惩罚，只上场10分钟，得到2分就下场；下一场比赛，他在攻守两端焕然一新，得到全队最高的16分，还抢到11个篮板，送出4个助攻外加2次盖帽，为球队战胜奥兰多魔术队立下头功。“特雷西是个很棒的小孩。”奥克利说，“他的技术水平摆在那里，就是需要每天晚上都拿出稳定的表现来。”

当那个赛季结束的时候，卡特在50场比赛里首发出场49场，场均上场35.2分钟，得到18.3分、5.7个篮板和3次助攻。他是这一年的最佳新秀，很显然，他已经成为球队管理层眼中的建队核心。而麦迪，他只有两次首发出场的机会，场均上场22.6分钟，得到9.3分、5.7个篮板和2.3次助攻，他正在成为一个合格的辅助球员。

关于当时麦迪与卡特的比较，或许只有步行者队的总裁唐尼·沃尔什的评价最为公正：**“如果光是比较他们两人的新秀赛季，那么很显然，文斯上过大学，他接受过更好的教练培养，但如果耐心等待，特雷西也有机会成为一个非常非常了不起的球员。”**

第 2 章

见龙在田

TORONTO
15
TORONTO
1

1999—2000赛季的多伦多猛龙队，就像2009—2010赛季的俄克拉荷马城雷霆队，尽管暂时还一无所有，但大家都知道他们有着光明的未来。“文斯·卡特和特雷西·麦克格雷迪能在篮筐之上玩HORSE（一种花式投篮比赛）。”当时的《纽约时报》如此写下赛季前瞻，“猛龙队的新老球员搭配得刚刚好，如果一切顺利的话，他们将成为第一支进入NBA季后赛的加拿大球队。”

扣篮大赛

后来我们再看，《纽约时报》在那个赛季其实做出了两个精准的预言：第一，猛龙队成了历史上第一支进入NBA季后赛的加拿大球队；第二，文斯·卡特和特雷西·麦克格雷迪确实能在篮筐之上玩HORSE，他们都是翱翔天际的超级扣将，而他们在2000年带来的全明星扣篮大赛，将成为名垂青史的传奇表演。

如果你还记得的话，麦迪的整个球星生涯就是从一个扣篮开始的，在1996年的ABCD篮球训练营上，麦迪的那记惊世骇俗的扣篮不仅扣飞了詹姆斯·费尔顿的NBA梦想，也让他本人一扣成名，成为全美篮球高中圈炙手可热的新宠儿。

至于文斯·卡特，关于他的扣篮本领，比他们大几岁的NBA球星格兰特·希尔有话要说：“我以前在底特律打球，1995年的时候，他们在奥本山宫殿举办了一次‘魔术师’约翰逊全明星邀请赛。我是当时那场扣篮大赛的裁判，参赛选手有凯文·加内特、斯蒂芬·马布里和文斯·卡特等人，就是他们那一届的高中生。我记得很清楚，文斯·卡特第一个上场做了个扣篮动作，然后所有人都退出了，于是他就成了那一届毫无争议的扣篮王。”

当2000年全明星周末到来，麦迪和卡特，就成了这一届扣篮大赛的热门夺冠人选。卡特的参赛决定水到渠成，在过去的一整个赛季里，他已经用他飞翔的姿态征服了多伦多的球迷和媒体，他们给他取了个新外号，叫“加拿大航空”——恰好与猛龙队新主场的名字相同。

麦迪一开始不打算参赛，很多年之后，麦迪跟科比再次谈起这一届扣篮大赛，他问科比，你是1997年的扣篮大赛冠军，为什么不来参加这一次？科比还没等他的话音落下就立刻回答："不，我只会参加我知道自己能赢的比赛。我才不会让文斯·卡特打败我。"而麦迪立刻激动得大叫："对不对！对不对！我就是这个意思！"

麦迪说："我并不是一个很有创意的扣将，而且我每天都看着文斯扣篮，我知道他在这方面简直别出心裁，所以我就在想，我为什么要去自取其辱呢？"但卡特非常坚持，尽管麦迪不肯承认，但他有时候确实是一个耳根子和心肠都很软的人。于是，在卡特每天持之以恒地游说下，终于在某一天他们一起打游戏的时候，麦迪松口答应了参赛。

然后成就了永远镌刻在一代球迷灵魂里的记忆。

预赛第一扣，麦迪从三分线外抛球，球轻轻地砸在篮筐下的地板上，反弹时恰好被赶过去的他一把抓住，然后在空中做了个类似青蛙俯身弹跳的动作，双手握球反扣入篮，"哇哦。"加内特在场边起立鼓掌，大笑着观看这精彩的表演。但卡特的表演更绝，他从篮筐左侧起步，几次力道十足的运球后升空，他在空中完成反身360度转体，然后完成大风车暴扣。

第二扣，麦迪从三分线外杀入篮下，在经过罚球线附近时接到卡特的传球，顺着球砸到地板反弹起来的上升趋势一路飞跃，完成了一个双手的空中接力风车扣篮。而卡特则从篮板后方跃步起跳，转身抡臂大风车，整个扣篮一气呵成。

第三扣，麦迪贡献出了他整个晚上最好的一次扣篮表演。跟第一扣差不多，他也是把球反弹抛给自己，但他这一次在空中接球之后完成了360度转体，然后持球在空中做了个俯身动作，再舒展开来把球暴扣进篮筐。他的滞空时间之长，动作之流畅舒展，征服了全场评委的心，他凭借这一扣得到了满分50分。

这时候，麦迪、卡特和休斯敦火箭队的史蒂夫·弗朗西斯都已经各自锁定了一个决赛席位，但卡特还有一个必选动作需要完成：当时的扣篮大赛规定，首轮中每个参赛球员必须有至少一个扣篮跟队友配合完成，而卡特事先完全不知道这个规定。

卡特完全不知道自己应该干什么，但他脑海中很快闪过了一幅画面，是当时一种新款球鞋的广告。为了表现那双球鞋增强弹跳的能力，广告呈现了一幅动感

WILT CHAMBER
16 ALVIN A
TORONTO

TORONTO
15
THURMOND
13 WILT

十足的定格瞬间：一个穿着这种球鞋的球员飞在空中，双腿呈弓步横跨，双手在胯间持球。于是卡特决定尝试一下，他跟麦迪说："你就站在这里，让球弹起来，然后闪开就行了。"麦迪问他："你要干什么？"卡特说："你只管把球弹起来然后闪开就行。"他在身前比画了一下，"大概把球弹到这么高。"

卡特的中指在之前的一场常规赛中受伤缝了几针，他担心自己无法完成这个扣篮，他的设想是在半空中抓住麦迪送出的反弹球，左手将球从胯下绕过送到右手完成暴扣，他做到了。第二天早上，卡特在胯间换手持球的定格瞬间刊登上了北美所有报纸体育版的头条，甚至在遥远的中国，这个定格也长久烙印在球迷的脑海中。

决赛的两轮表演也依然精彩，麦迪的扣篮是第一扣的升华，但卡特却贡献了将手肘扣进篮筐和罚球线起跳双手飞扣的精彩演出，最终卡特毫无争议地夺得了冠军。但，如同阿伦·艾弗森在赛后的评价那样："换了任何一届其他的扣篮大赛，麦迪和弗朗西斯都能轻松夺冠，但这一届有文斯·卡特。"

尽管不可避免地沦为了卡特的陪衬，但麦迪在这次扣篮大赛里也并非一无所获。这一届扣篮大赛获得了前所未有的关注度，这为卡特赢得了"半人半神"的绰号和全球知名度，而麦迪也同样成了美国家喻户晓的名字。

特雷西·麦克格雷迪，不再只是核心球迷才知道的未来新星，他开始成为真正的篮球明星。

新时代皮蓬

全明星周末之后，猛龙队主教练布奇・卡特把麦迪放进了首发阵容，从2月25日开始，麦迪就“定居”在首发五人名单里了，他每一场比赛的得分都是两位数，而猛龙队也打出了一波11胜2负的小高潮，这让他们一跃成了季后赛的有力竞争者。麦迪在这个时候确认了他锋卫摇摆人的位置——他“摇摆”得很彻底，从控球后卫到得分后卫再到小前锋，他都可以胜任，并给对位球员造成巨大的压力。

NBA著名教练杰夫・范甘迪当时执教纽约尼克斯队，在一场与猛龙队的比赛后（那场比赛猛龙队以91：70轻松获胜），范甘迪甚至将猛龙队的“黄金三角”卡特、麦迪、克里斯蒂跟公牛队的乔丹、皮蓬和哈珀相提并论。

这里要插播一则时代背景：1999年1月，乔丹第二次宣布退役，而这一次，他看起来是真的会永远离开篮球赛场了。于是，全联盟都开始了“寻找下一个乔丹”的行动，麦迪和卡特都被列为候选人。尽管麦迪是一个忠实的哈达威球迷，但他也无可避免地沉迷于这种比较。

在一次采访中，麦迪特别提到，他认为卡特和自己是下一对乔丹和皮蓬。“不过我得先说明一点，”麦迪笑着说，“我是皮蓬。”

麦迪在这一段时间的防守表现尤其出色，面对格兰特・希尔和阿兰・休斯敦这种级别的全明星球员，他在防守端的表现着实可圈可点，这也让他往皮蓬的方向更加前进了一步。“如果说谁是新一代的皮蓬，那就是麦迪了，”步行者队总裁唐尼・沃尔什说，“文斯・卡特当然是个非常出色的球员，但这个孩子表现得一点也不逊色，而且他做了更多人们不太看得见的事情。他可以控球、可以抢防守篮板、可以抢进攻篮板，他的远射能力也在不断进步，而且，他在所有这些方面都表现得好极了。”

是的，这个时候的麦迪就是大家公认的“新一代皮蓬”，虽然这样的评价对麦迪后来的新球迷来说或许有些难以想象，但麦迪一直记得这些话。在二十多年以后，当他在*ESPN*的篮球评论节目里谈起自己的职业生涯早期时，他会对着明显不怎么相信的主持人和嘉宾强调：“在我的职业生涯早期，我一直是个皮蓬类型的球员。”

初次季后赛

在这个赛季里，麦迪终于显现出了未来巨星的潜质，他是队里的二号得分手，也是出色的防守球员，他场均拿下15.4分、6.3个篮板和3.3次助攻，另外还有全队最高的1.9次封盖。从他成为首发球员之后，他一共摘下了9次两双。更令人高兴的是，在常规赛季结束的时候，猛龙队的战绩是45胜37负，他们不仅成了一支胜率超过50%的球队，而且如《纽约时报》的预言一般，他们成了历史上第一支进入NBA季后赛的加拿大球队。

作为六号种子，多伦多猛龙队在季后赛第一轮里遇见的是东部三号种子纽约尼克斯队。尼克斯队的进攻端表现一般，但他们的防守犹如铜墙铁壁，正是依靠着这样强大的防守，他们在头一年甚至成了东部冠军，进入总决赛。许多人会说帕特里克·尤因已是“廉颇老矣”，但他仍是队里的精神支柱，他站在那里，就是纽约的图腾，是麦迪逊花园广场齐吼着“我们依然相信”的原因。尼克斯队已经习惯了季后赛的压力，而这正是年轻的猛龙队所缺乏的。

作为尼克斯队的重点盯防对象，卡特表现得很挣扎，在尤因和拉特里尔·斯普雷威尔的双人包夹下，卡特第一场比赛只有20投3中。事实上，在整个系列赛里，卡特的投篮命中率只有30%，三分球更是10投1中，尽管他依然是全队得分最高的球员（三场比赛共得到58分），但他无法带领球队突破尼克斯队的防守。**在卡特哑火的情况下，麦迪挺身而出，他在前两场比赛里都是猛龙队得分最高的球员，分别得到25分和27分。**

三场比赛，猛龙队都战斗到了最后一秒，但结果对他们来说是遗憾的88∶92、83∶84、80∶87，猛龙队每一场都以非常微弱的劣势输掉了比赛。最终以大比分0∶3被横扫，结束了他们的第一次季后赛。

第3章

阴云笼罩

PTORS
1
THOMAS
12

尽管有许多好的事情发生，但对麦迪来说，1999—2000赛季是个充满了阴霾的赛季。他的新秀合同将在2000年夏天到期，所以一整年里，他都在被媒体反复盘问是否会离开多伦多……但这远不是最令他糟心的事情。

死亡阴影

麦迪从小长大的地方，奥本代尔，是一个治安糟糕的小镇，这也就意味着麦迪从很小就开始目睹死亡。他很幸运地逃离了奥本代尔，但他的生活依然有一部分留在那里，包括他的继父、他的异母弟弟，还有他小时候的朋友们。

接到的第一个报丧电话是在1997年11月，麦迪刚进联盟没多久。他的朋友亨利·安德鲁斯因为疲劳驾驶，在车祸中身亡。麦迪感到很痛苦，但他接受了这件事，意外每天都在发生，谁都有可能碰上。

然后是1999年10月，他的邻居兼青梅竹马的小姑娘瓦妮莎·琼斯命丧她前未婚夫之手。琼斯去世前三天才跟那个男人分手，没想到他无法接受分手的事实，来到琼斯家门口，骗她开了门，然后用枪指着她的脑袋，扣动了扳机。“你爱一个女人，你想要跟她结婚，但情况突然变坏了，所以你就杀了她？”麦迪震惊极了，“这太疯狂了，怎么会有人这样做？”

时间又过去两个月，麦迪接到了一个令他感到绝望的电话。

当时麦迪跟女朋友在多伦多共进晚餐，他的异母弟弟钱斯给他打来电话，告诉他，他们的堂兄弟莱恩·麦克格雷迪在打篮球时哮喘发作，现在被送进了医院。麦迪很关心莱恩的状况，但他不是特别担心，因为莱恩一直都有哮喘，这已经不是他第一次因为哮喘入院了。

然而15分钟之后，钱斯再次打来电话。

“他没能挺过来。”

“什么意思，什么叫没能挺过来？”

“他去世了。”

麦迪的餐刀从指间滑落，他跟女朋友立刻离开了饭店，“我甚至不记得我是否付账了。”他说。他回到自己的小屋里，整个人蜷成一团，缩在床铺角落里一动也不动，就这样过了一夜。第二天早上，他安静地飞回佛罗里达，而猛龙队在对阵密尔沃基雄鹿队的比赛里把他列为缺席。

曾经在奥本代尔“小山”街区一起长大的几个同龄人，如今只剩下了科雷·贝斯和麦迪。这个时候他还不知道，科雷·贝斯也会在一年后中枪身亡。

家乡不再是那个熟悉的家乡，物是人非，它永远不会是麦迪记忆里的样子了。

一团乱麻

私人生活连遭重创，麦迪的职场生涯也并不顺心如意。诚然，他现在可以跟卡特互相依赖安慰，也有克里斯蒂和奥克利这样的前辈关照，主帅布奇·卡特已经开始彻底围绕着他和文斯·卡特来制定战术，他当上了首发，数据也在持续变好，但他依然非常烦恼。

简单来说，猛龙队主帅布奇·卡特似乎陷入了疯狂。

布奇·卡特在1999—2000赛季训练营开始的时候强行安插了一个叫Master P（原名Percy Miller）的说唱歌手进队，还试图让他进入比赛阵容。**布奇·卡特的说法是这样就能减轻文斯·卡特和麦迪身上来自媒体的压力，但所有人都觉得荒谬极了，最终，猛龙队总经理格朗沃德强行叫停了这个计划。**

然后在2000年春天，布奇·卡特跟他的弟弟、NFL明尼苏达维京人队的外接手克里斯·卡特合著了一本书，在书里，布奇·卡特爆料他在印第安纳大学时候的教练，也就是NCAA的传奇名帅鲍比·奈特，曾经在招募球员的时候使用过带有种族歧视的蔑称。格朗沃德也是印第安纳大学出身，这位总经理在12月刚给卡特开出了价值800万美元的续约合同，他对奈特非常忠诚，所以，可想而知这本书出版以后给猛龙队的管理团队氛围带来了多大的问题。更糟糕的是，媒体很快挖掘出，那个被奈特用糟糕字眼称呼的球员，其实就是猛龙队的前任执行副总裁、“微笑刺客”伊赛亚·托马斯，于是托马斯也不开心了，他不得不出面否认了这个故事。

布奇·卡特还宣称多伦多猛龙队的母公司——枫叶体育传媒，没有公平对待旗下的几支职业球队，认为NHL（National Hockey League，国家冰球联盟）的多伦多枫叶队得到了更多的资源。这显然是真的，毕竟冰球是加拿大的国球，多伦多是一个冰球重镇，而枫叶队在NHL的地位基本等同于湖人队之于NBA，但无论如何，这样公开指责老板还是有点匪夷所思。

除此之外，布奇·卡特还反复对媒体提到一个“阴谋论”，因为麦迪的新秀合同即将到期，文斯·卡特的合同也会在下一年到期，而布奇·卡特认为，美国人正在密谋把多伦多的这对宝贝球员“偷走”。他的理由很简单：麦迪是美国人，麦迪的经纪人是美国人，麦迪的球鞋赞助公司阿迪达斯也更看重美国市场，所以他们一定都希望麦迪回到美国打球，而不是留在寒冷的加拿大。

最糟糕的是，在季后赛快要开始的时候，布奇·卡特出人意料地对猛龙队的前球员、尼克斯队的现球员坎比提起诽谤诉讼，因为后者在采访中说他是个“骗子”——这件事之离谱，让每个猛龙队的球员都在季后赛的媒体采访中备受折磨。

发展到最后，NBA副总裁拉斯·格兰尼克都站出来发表了声明，表示“一名教练因球员发表的公开评论而提起诉讼是史无前例的，亦是极不恰当的行为”。被记者问到的时候，格朗沃德脸上的表情简直称得上是痛苦了，他皱着一张脸，说：“我无法对此发表评价。”甚至布奇·卡特的弟弟克里斯·卡特说，他们俩在合著书籍出版之前都没看过对方撰写的部分，至于布奇·卡特状告马库斯·坎比的事，“你想让我说什么呢？”克里斯·卡特说，“他毕竟是我哥。”

“船要沉了”

压死骆驼的最后一根稻草发生在季后赛最艰难的时刻。

当时猛龙队在系列赛里以0比2落后，而布奇·卡特将失利的原因归咎于裁判，以及“队里的自由球员太多了”。他说：“他们对比赛不够专心。”考虑到上场时间和合同状况，**他这番话几乎明确地指向了麦迪，猛龙队里唯一一个即将成为自由身的首发队员。**

猛龙队球员们简直不知道说什么才好，一些老将甚至公开在媒体上回击，道格·克里斯蒂讽刺地说：“这是因为他环顾四周，发现他根本没办法指责别人，所以只好胡说八道了。”而同样将成为自由球员的迪·布朗则站出来为麦迪和自己辩护：“麦迪这个赛季即将变成自由球员，我这个赛季也要变成自由球员，这个状态从来没有变过，怎么在常规赛里不是问题的事情，到季后赛里就突然变成问题了呢？”

于是，这时候的猛龙队呈现一种荒谬的矛盾景象：一方面，他们是一支年轻而富有希望的球队，他们正在打队史上的第一次季后赛，他们正在明显的上升势

头中；但另一方面，他们又十分混乱，像是随时可能分崩离析。雪上加霜的是，麦迪跟布奇·卡特的私交相当不错，麦迪把这个教练视为自己的导师，但他的导师在队里已经众叛亲离。这样复杂的情况让麦迪感到十分恐慌，毕竟，这时候的麦迪还没过他的21岁生日，在美国，他甚至不算是成年人。

“这艘船要沉了。”麦迪对媒体说，“我已经看见了信号。”

很多年以后，麦迪回顾自己的职业生涯，会坦然承认自己畅想过很多次，如果留在多伦多猛龙队与文斯·卡特继续搭档下去，或许会成就一个不一样的未来。但他也非常诚实地表示，当时猛龙队内部的情况混乱，年轻的他无法忍受这样的局面，所以选择了逃走。“很多人以为是因为我不愿意待在文斯的阴影之下，但其实我们之间的关系没有任何问题。”麦迪说，“我只是，真的无法忍受那种局面了。”

SPALDING
OFFICE
IOA
1

PART3

魔术时刻
巨星诞生

第 1 章

破茧而出

麦迪要离开多伦多，从他们季后赛出局的那一刻起，这个事实就无比明晰。

超级球队

追逐麦迪的球队包括芝加哥公牛队，他们拥有1999年的状元秀埃尔顿·布兰德，这位年轻的大前锋在当时看来潜力无限。公牛队安排棒球传奇萨米·索萨跟麦迪见了一面，对曾经把棒球当作毕生梦想的麦迪来说，这个追求的姿态的确恰到好处。更何况，他们还让奥普拉·温弗瑞（美国脱口秀主持人）给麦迪录了一则欢迎视频。

迈阿密热火队的追求则是南海滩一以贯之的浮夸奢华风格，他们策划了一场戏剧化的沉浸式演出，场面堪比盛大的求婚仪式。他们先是派出一架私人飞机载着麦迪到阿隆佐·莫宁的海滨豪宅里，他们喝了几杯酒，然后莫宁突然说："特雷西，让我们去海上兜兜风吧。"于是莫宁带着麦迪上了一艘私人快艇，开足马力风驰电掣，以每小时100公里的速度沿着迈阿密的海岸线狂飙，其间经过了热火队坐落于市区海滨的主场球馆，最后抵达了传奇主帅帕特·莱利的家。

但没有什么比奥兰多魔术队的计划更能打动麦迪的心。

在2000年这个自由市场大年里，魔术队想要一次性引进本年度最受瞩目的三个重量级自由球员：格兰特·希尔、蒂姆·邓肯和特雷西·麦克格雷迪。这三位球员年纪都不大，但是都有季后赛的经验，邓肯还拿过一次冠军。三人的属性看起来也非常相配：邓肯是具有统治力的内线大个子；希尔是具有爆发力的小前锋得分手；麦迪则是一个皮蓬类型的球员，他进攻端手段颇多，又甘于当副手，愿意在防守端做一些脏活、累活。这样的组合看上去实在太理想了。

希尔很快就做出了决定，邓肯也几乎要答应了。奥兰多就在麦迪的老家旁边，也算是他的家乡了，麦迪之所以会对篮球产生憧憬，正是因为曾经那支由"鲨鱼"奥尼尔和"便士"哈达威带领的魔术队。所以，虽然麦迪没有明说，但他的倾向性已经表露得相当明显，奥兰多魔术队距离他们梦想中的超级球队就只差一步。但是，就在邓肯与魔术队的最后一次晚餐会谈时，邓肯团队里的人提出了一个问题："球员的女朋友或者妻子能上球队飞机跟着一起飞吗？"当时的魔术队主帅道格·里弗斯很坚决地给出了否定的回答，气氛一下子冷了下来。邓肯随

后拒绝了奥兰多的邀请，他决定留在圣安东尼奥。

在他们的职业生涯都尘埃落定之后，麦迪才从邓肯的马刺队队友布鲁斯·鲍文那里得知这个故事，然后希尔也在*ESPN*的篮球节目上向他证实了这件事。"你能想象我跟邓肯在一起打球，这事儿该有多棒吗？"麦迪一边说一边在自己的心上比画着插刀的动作，"还有格兰特，这真是个非常了不起的计划。"保罗·皮尔斯不忘在旁边补刀，说："里弗斯后来在波士顿凯尔特人队的时候，又允许家人与球员同机飞行了，所以他们在2007年得到了凯文·加内特，组成最终为绿衫军夺取冠军的'三巨头'。"

但公平地说，邓肯没有选择奥兰多魔术队对麦迪来说也不全然是坏事，至少在薪资方面，魔术队就比较慷慨了。通过先签后换的协议，麦迪最终拿到了7年9280万的大合同，还留给了老东家猛龙队一个未来的首轮签作为"分手礼物"，

这个价格比魔术队在一个月之前计划的高了不少。

能够在离家不远的地方打球，赚上一大笔常人无法想象的钱，还能跟全明星级别的队友并肩作战，穿上魔术队蓝白队服的麦迪终于要进入职业生涯的新时代了。

超级麦迪

然后，麦迪的新时代到来了，只是方式出乎所有人意料。

魔术队的超级策划在纸面上非常理想，但赛季刚开始，这个策划就遭遇了变数。首先，是球星的健康状态，准确来说，是格兰特·希尔的伤病问题。

这已经是希尔进入联盟的第七年了。他在底特律活塞队的前六个赛季都安安稳稳，无比健康，没有半点伤病困扰。直到1999—2000赛季常规赛的最后时刻，他的脚踝不慎受伤，这才是他第一次真正遇到伤病问题。然后由于种种因素的综合影响，他决定带伤打季后赛。打到第二场的时候，他的脚踝再一次受伤。加上队医的误诊误治、种种不幸的事故发生，希尔在2000—2001赛季的前两个月里一共只打了4场。然后在12月，他被球队列入了伤病名单，在2001年1月3日再次做了脚踝手术，缺席了赛季剩余的比赛。

魔术队把薪资空间都花在了希尔和麦迪身上，所以，球队的板凳深度肯定是不足的。于是，当希尔的伤病问题开始显现，除麦迪之外，他们队中最好的球员就只剩下后卫达雷尔·阿姆斯特朗（曾经是NBA的落选秀，1999—2000赛季为魔术队拿下场均16.2分），大前锋博·奥特洛和新秀迈克·米勒。

如果没有麦迪，那么这样的魔术队毫无疑问地会成为联盟垫底的球队。但，幸好他们还有麦迪。以前那个甘做副手的“新时代皮蓬”消失了，从这一刻起，出现在人们眼前的是奥兰多魔术队的超级巨星T-MAC。

“他现在才21岁，却让我仿佛看见了27岁的斯科蒂·皮蓬，”魔术队主帅道格·里弗斯说，“我一直都知道他很棒，所以我们才花大价钱签下他，但他比我想象的还要优秀。我从来不知道他的速

度竟然这么快，他可以用不同的方式打球，而当他真正爆发的时候，他如同飓风席卷全场。"

在代表魔术队出战的第一场比赛里，麦迪上场46分钟，得到32分，抢了12个篮板，还送出4次助攻，帮助魔术队以97：86击败了奇才队。他的得分几乎每场都上双，也在不断刷新着职业生涯新高。2000年12月2日，他面对篮网队32投18中，单场得分第一次突破40分大关。到赛季结束的时候，他已经有过5次40+的表演了，最高得分数据也被更新为49分。

不仅是得分，麦迪需要扛起球队的一切。突然之间，麦迪成了球队的顶梁柱，这一次没有任何人站在他的身前，他需要成为场上得分最高的那个人，还需要传球、抢篮板、防守到位，当球队最需要他的时候，他必须挺身而出。

3月，魔术队正在为进入季后赛而努力，他们在客场挑战阿伦·艾弗森率领的76人队。比赛还剩7.2秒结束，魔术队落后1分，里弗斯把目光投向了麦迪："我们当时设计了各种战术，但到最后我只说了一句，把球给特雷西就好。"

麦迪没有让他失望。他在中线附近接到球，76人队的朱梅因·琼斯扑了过来，麦迪闪身过人，一路冲到篮下，在时钟还剩2.7秒时，命中了一记准绝杀，帮助魔术队获得了最终的胜利。这一场比赛，麦迪得到了44分，外加9个篮板和6次助攻。

麦迪必须成为魔术队的绝对核心，而他也做到了。当赛季结束的时候，他的场均26.8分刷新了21岁及以下球员的单赛季历史新高。他进入了NBA最佳阵容二阵，并被评为本赛季进步最快球员，但魔术队球员并不认同这个奖项。"他就应该是NBA最好的球员。"希尔说。

"我以前认为他会成为下一个斯科蒂·皮蓬，"在赛季结束的时候，魔术队主帅里弗斯修正了自己对麦迪的评价，"但特雷西的得分太多，我现在不知道该把他跟谁比较才好了。"

魔术时刻

麦迪一跃成了NBA联盟中最好的球员之一。那些曾经殷切地在他新秀赛季密切报道过他、而在过去两年中又消失不见的媒体又回来了，一同来到他身边的，还有全明星的首发机会。

里弗斯对他的爱将只有赞美："我们是唯一一支只靠一个全明星球员支撑着还表现不错的球队，然后你看看他，他才21岁，却能扛着联盟里第六年轻的球队前进。"里弗斯说，别看麦迪现在展现出无与伦比的才华，但麦迪的身体还没有完全成熟，"他每天都需要很多睡眠，因为他还在成长。在我们全队开会的时候，一旦关灯进入录像复盘环节，他经常就会瞬间睡着。"

与在多伦多的第一年不同，这一次，麦迪的多眠没有再为他招致恶名，队友们反而亲昵地称呼他为"大睡神"。他们似乎惊异于他的年轻和青涩，耐心地保护和引导他。蒙蒂·威廉姆斯跟麦迪是“更衣柜邻居”，作为年长将近10岁的前辈，他会教麦迪一些为人处世的道理。他在更衣柜里放了一本《圣经》，而麦迪偶尔会摘抄上面的箴言。多伦多魔术队的公关人员也手把手地指导着麦迪，他们告诉他，在发言里少用“我”这个词，多用“我们”，要更多地谈论队友和球队整体。再然后，魔术队的媒体关系总监乔尔·格拉斯就说，麦迪已经成为球队的“代言人”。

尽管麦迪最终没能闯过季后赛第一轮，他们最终以1：3输给了密尔沃基雄鹿队，但这个赛季，关于麦迪的新闻几乎都是好事，包括他的私生活。他继续着他的大学学业，其中一门课程《领导力与有效沟通》让他受益良多；他开始更多地关心异母弟弟钱斯，钱斯的母亲正在与癌症病魔搏斗，而麦迪希望他不要因此耽误学业，他甚至把钱斯接来跟他一起住，在有空的时候亲自监督钱斯做作业；麦迪的恋爱关系也很稳定，他的女友就是他在北卡读高中时暗自倾慕的女孩，当时已经交往三年多了，麦迪说他计划跟这个姑娘结婚。

他跟文斯·卡特的关系也修复了。在麦迪宣布离开多伦多之后，卡特一度非常生气，他甚至拒绝接麦迪的电话。但麦迪在猛龙队还是有几个朋友的，他们会在卡特身边若无其事地拨给麦迪，然后把电话强行塞到卡特手里。在度过这一关之后，一直到20年后，麦迪和卡特都保持着非常亲密的关系，至少NBA的交易没有影响到他们的亲情和友情。

麦迪知道，他在新秀赛季被恶意败坏的名声已经彻底扭转。当他坐在自己的豪宅里，看着几公里外的迪士尼乐园上空绽放的火树银花，麦迪觉得此刻他的人生如同队名一样，迎来了魔术时刻。

CARTER
15

MCGRADY
1

第 2 章

得分之王

MAGIC
1

仅仅用了一个赛季，麦迪就证明了他不是谁的副手，而是能够独立书写英雄篇章的超级巨星。只要格兰特·希尔回来，拥有两个健康的全明星级别球员的魔术队可以立刻成为冠军的有力争夺者。

有趣的是，当他们一起加入奥兰多魔术队的时候，麦迪曾经毫无心理负担地说“这是格兰特的球队”，因为当时格兰特·希尔已经是全明星球员，而麦迪只是一个初出茅庐的潜力球员。一年过去，在2001—2002赛季开始前的训练营里，轮到希尔来澄清权力分配了：“这是特雷西的球队，毫无疑问，在过去这个赛季里他已经证明了这一点。”

事与愿违

这个赛季，魔术队引进了帕特里克·尤因。尤因进联盟的时候麦迪才6岁，他如今已经39岁了，获得过所有的荣誉，只差一座总冠军奖杯。就在两年以前，尤因还在季后赛里给猛龙队和年轻的麦迪上过一课，如今，麦迪已经成长为冠军争夺热门球队的当家球星，而尤因现在所希望的，就是能搭上这趟开往“春天”的列车。

“我希望竭尽全力为他赢一次总冠军。”麦迪在得知尤因加盟之后说。他说，希尔要复出了，迈克·米勒也比上个赛季更成熟了，尤因的到来更是填补了他们在内线的短板，魔术队能在新赛季成为东部的霸主。“当然我们不能忽略密尔沃基雄鹿队，但承认吧！”麦迪认真地说，“魔术队和76人队就是东部最好的两支球队。”

但是希望越大，失望越大。故事重复了它的套路，2001—2002赛季，希尔只打了14场比赛就再一次走上手术台，还不到12月，他的赛季又报销了。而尤因确实已经老了，他已经不能适应内线激烈的争夺，整个赛季他缺席了14场比赛，即使在那些他能上场的日子里，他的平均上场时间也很难再超过15分钟。迈克·米勒进入了二年级，他确实成了一个很好的辅助球员，场均能获得15分左右，三分球命中率有40%左右，但他并不是一个全明星级别的球员。

于是再一次，麦迪需要独自扛起整支球队。

12月8日和12月10日，麦迪连续两场得到40+。从2002年1月27日到30日，短短4天之内，麦迪拿到了3次两双。2月23日，他拿到了职业生涯中的第一次三双，凭借着22分、11个篮板和11次助攻，他带领球队以18分的分差大胜劲敌费城76人队。

3月8日，麦迪刷新了他的职业生涯新高，面对华盛顿奇才队，他29投18中，全场比赛拿下50分，另外还有10个篮板入账。从这场比赛开始，一直到3月22日面对夏洛特黄蜂队，他带领着魔术队取得了六连胜，基本为球队锁定了一个季后赛席位。

他再次入选了全明星，跟去年表现机会寥寥的情况不同，这一次，他在全明星赛中拿到24分，是东部代表队得分最高的球员。更重要的是，当这个赛季结束的时候，麦迪进入了NBA最佳阵容。他现在是联盟最好的得分后卫了，科比、卡特和艾弗森都只能排在他的身后。

在这个时刻，麦迪已经成为奥兰多篮球的不二王者，但在奥兰多之外，他却或多或少被低估。本地报纸《奥兰多哨兵报》几乎是愤怒地抨击NBA对麦迪的忽视，他们指出，无论是科比、卡特还是艾弗森，在比赛中都有所谓“明星哨”的照顾，而联盟裁判们却对麦迪遭遇的“黑手”视而不见。“雄鹿队球员对麦迪又踢又打，但穿着斑马条纹服的那些人却对此熟视无睹。”不仅是媒体，魔术队总经理约翰·加布里尔甚至因此连续给联盟办公室打电话抗议。

当麦迪再一次带领球队闯进季后赛，却又在第一轮折戟（以1∶3输给了夏洛特黄蜂队），奥兰多的人们开始问，这个年轻的NBA巨星，什么时候才能成为世界之王。

世界之王

答案就是马上。

2002年夏天，科比出人意料地花了800万美元买断了自己与阿迪达斯的合约，于是，麦迪就成了阿迪达斯的头号明星。阿迪达斯随后跟麦迪签下了终身赞助合约，这就意味着，从此之后阿迪达斯以麦迪的名义卖出的每一双签名球鞋、每一件T恤或者任何其他印着他名字的服饰，麦迪都会收到一部分销售提成。

同时这也意味着，阿迪达斯——这个全球最大的运动服饰制造公司之一，将会倾尽他们所有的资源为麦迪造势，为他启动巨星宣传，为他争取巨星待遇。他的阿迪达斯新广告铺天盖地，突然之间，他在电视上的出现频率甚至比美国总统还高，所有人都开始谈论麦迪，麦迪也在此时打出了他职业生涯开始以来最好的篮球表现。

赛季开始，格兰特·希尔终于复出，魔术队的进攻端终于有了另一个值得重点盯防的球员，而麦迪就利用这难得的喘息机会在场上大放光彩。在赛季的前10场比赛里，他平均每场得到32.2分，投篮命中率超过50%，还有4.6次助攻。有一次记者问格兰特·希尔，如果你是对面的球员，那么你要怎么去防守麦迪。希尔停顿了一下，说："那我估计很快就犯满离场了。"

11月27日，洛杉矶湖人队来到奥兰多。沙奎尔·奥尼尔是联盟中最好的中锋，而科比正跟麦迪争夺联盟最佳后卫的称号。当时乔丹已经复出并在华盛顿奇才队浪费才华，他当然是最伟大的球员，但这已经不是他的时代了。所以当湖人队来到魔术队的地盘，焦点自然而然地落在了这个问题上：**科比，还是麦迪？**

在麦迪刚进联盟的时候，阿迪达斯很自然地为旗下的两个年轻球星牵线，麦迪和科比成了非常亲密的朋友，每年夏天都凑在一起训练，时不时住在对方家里，他们甚至一度商量着能不能有机会做个交易，或者通过自由市场的运作，把两个人运作到同一支队里去当队友。但随着时间的推移，麦迪逐渐成长为科比在联盟里最强劲的对手，两人之间的竞争越发激烈，他们已经不再像以前那样无话不谈。

麦迪尽可能地避免提到与科比的一对一竞争，但他的队友达雷尔·阿姆斯特朗知道，麦迪已经"全心全意投入了这场战斗"。这一天他的身体状态并不好，麦迪感染了流感，在赛前热身的时候吐了几次。但当比赛开始，他的巨星光芒又闪耀起来。他跟科比上演了一场无与伦比的对决，他会利用速度的优势上篮得分，

STAPLES
Magic
1
LAKERS
8
SHARP

然后在下一个回合面对科比的扣篮无奈摇头，**他们两个人全场比赛加起来共计出手59次，最终都得到38分，麦迪送出9次助攻，而科比抢下10个篮板。**

有史以来第一次，麦迪成为联盟的MVP热门候选。《芝加哥论坛报》的篮球专栏作家、《乔丹规则》的撰稿人萨姆·史密斯评价说：“麦迪现在的表现，像极了年轻时候的乔丹。”

得分冠军

但是好景不长，等日历翻到2003年1月，希尔又受伤了，等在他命运之门后面的，是又一次脚踝手术。当麦迪得知这个消息的时候，他立刻去医院探望了希尔，然后向他承诺：“我会把我们带进季后赛的，”麦迪说，“你只需要准备好打季后赛就可以了。”

然后，在交易截止日之前，魔术队送走了麦迪在队中最好的朋友迈克·米勒。米勒也是这几年来除了麦迪之外表现最好的魔术队球员，他非常年轻，是一个具有天赋的射手，而且防守端表现也不错，2002—2003赛季是他表现最好的一个赛季，他场均能够得到16.4分，抢到5.2个篮板，三分球命中率34%。他当然不是麦迪这种级别的球星，他永远也不会是，但他是麦迪这几年来唯一靠谱的搭档。交易消息传出来，麦迪两次挂掉了道格·里弗斯打来的电话，每一次，里弗斯都在语音留言里说了同样的话：

“特雷西，你会带我们去季后赛的。”

“你会带我们去季后赛。”

当里弗斯第三次打过来的时候，麦迪接起了电话，然后在里弗斯开口之前，他抢先说了：“我会带我们去季后赛的。”

然后他挂掉了电话。

两天之后，2003年2月21日，魔术队在主场迎战芝加哥公牛队，也迎来了麦迪加盟魔术队以来最高光的时刻。这是他职业生涯的第六个赛季，他已经打出了许多经典的比赛，但他很少在场上展现出这样的紧迫感，如此专注，如此认真。他是个爱笑的男孩，唇角总是翘着的，但这一次，他把嘴唇抿成了一条薄薄的冷硬直线。

他展现了他强壮有力的一面，粗暴地对公牛队的后卫杰·威廉姆斯犯规，然后踩过了他倒下的身体。

他又无比轻盈。他接过阿姆斯特朗的传球，完成了一次漂亮的空中接力灌篮。至于每一次跳投，他的动作如最高级的丝绸一样柔软顺滑。

他整场比赛32投15中，命中了6个三分球，只用了三节比赛就砍下52分，可以说是残忍地“屠杀”了这支芝加哥公牛队。当他在第三节末尾被替换下场的时候，全场17156名观众伴随着鼓点齐声呐喊：

M-V-P！M-V-P！

然后麦迪露出了他当晚的第一个笑容。

当2002—2003赛季常规赛结束的时候，他没有拿到MVP，那个荣誉属于圣安东尼奥马刺队的蒂姆·邓肯。

但麦迪凭借着场均32.1分的惊人成绩，正式加冕联盟得分王，并且再次以联盟第一得分后卫的身份入选NBA最佳阵容。

第3章

独木难支

C
Orlando
1

2020年，麦迪在前NBA球员马特·巴恩斯和斯蒂芬·杰克森的谈话节目《硝烟弥漫》中讲述了他的篮球生涯。

马特·巴恩斯问："回顾你在奥兰多的岁月，你并没有获得太多的团队成功，但对你个人来说，那是奠定了你巨星地位的时期，你把一群角色球员带到了新的高度上。所以对你来说，你从奥兰多的这段经历里学到了什么吗？"

麦迪回答道："就是说，人还是需要帮助的。"

孤独1号

时间回到2003年，麦迪刚打出了他职业生涯中最好的赛季表现，他是队里最好的防守者，他在大部分时间里都是队里最好的篮板手，他是整个联盟最好的得分手，他完全是靠自己的力量带着魔术队连续三年闯进季后赛。

他没有得到足够的帮助，这一点显而易见。这个赛季，魔术队里第二好的球员是进入联盟三年的迈克·米勒，在米勒被交易之后，这个答案变成了征战职业联赛仅有一年的新秀德鲁·古登。尽管麦迪打出了他职业生涯以来最好的赛季表现，甚至一度打出了连续14场得分超过30分的惊人表现，但当常规赛结束的时候，魔术队也仅仅是42胜40负，排在东部第八位。

麦迪从未这样期盼着希尔的回归。在NBA，有意争冠的球队往往会试图打造"双星系统"甚至是"大三角"，也就是说队里有至少两个全明星级别的球员才行。超级球星们会搭档在一起，他们共同统治球队，然后再一起征服世界。因为历史的经验告诉我们，一支球队只靠一个超级球星，或许可以在常规赛中取得成功，但在季后赛竞争压力骤增的情况下，队中的头号球星会被对方想尽一切办法"绞杀"，你需要第二个甚至第三个能创造奇迹的球员，站出来为球队夺取胜利。所以，凯文·加内特在森林狼队连续七年首轮出局，格兰特·希尔在活塞队的季后赛成绩是四年零晋级，伟大的帕特里克·尤因在纽约尼克斯队曾经带领一帮角色球员打进过NBA总决赛，但他也从来没有拿过冠军。

也许当时麦迪还没有意识到，但这正是奥兰多当初要打造"超级球队"的原

McGRADY
1

因。当时所有人都以为麦迪会成为球队的二把手，在希尔被对手缠住的时候，麦迪就会出来解决问题。但是从2000—2001赛季到2002—2003赛季，希尔从未在季后赛现身，麦迪背后印着的1号字样显得如此孤独。

“每个球员都有自己的夺冠窗口，”麦迪在20年后回顾这一切，他的语气中带着显而易见的不甘愿和悲伤，“在魔术队的那几年就是我的窗口……给我沙奎尔·奥尼尔，或者给我蒂姆·邓肯，我能赢下好几个冠军，但当时我的球队里一个有全明星潜力的球员都没有。”

几近神迹

但在2003年，麦迪并不知道这个窗口的存在，他也不知道一个巨星不能只靠自己取得最高的荣誉，事实上，在奥兰多的这几年里，他一直在突破人们认知的局限，就像是漫画里的超级英雄一样，在不可能的境地里寻找那几乎无法看见的一线生机，然后开创新天地。

他也在这个城市成长、成熟、蜕变。刚刚来到这个梦幻之城时，他还是个安静、害羞的孩子，最大的目标是场均拿下三双，辅佐希尔走上夺冠之路。但现在，他已经是个气场全开的NBA巨星了，他对着媒体侃侃而谈，面对东部头号种子底特律活塞队，他的脸上没有丝毫畏惧。

“特雷西能做到，”里弗斯说，“在那次交易之后，他就成了球队的指挥官。他的得分能力堪称神迹，而他组织进攻的能力也不输给任何人，他打出了一些我这辈子见过的最好的篮球比赛。”考虑到里弗斯以前就是NBA全明星，而他的职业生涯正好覆盖了“魔术师”约翰逊、拉里·伯德和迈克尔·乔丹的巅峰时期，这个夸奖的分量可想而知。

季后赛第一轮第一场，麦迪开启了“弑神模式”。底特律活塞队是全联盟防守最好的球队，在整个常规赛季里，他们平均只让对手拿到87.7分。这是个什么概念呢？那一年联盟中防守第二好的球队是篮网队，场均失分为90.1分。但在这场比赛里，活塞队想尽了办法也没能拦住麦迪，他们前后用了6个球员去防守他，但是根本没用，麦迪全场28投15中，罚球12投10中。

最令人难以置信的一段爆发出现在第四节中段，当时活塞队一阵猛追，把原本已经拉大到两位数的分差追到了75：76。然后，麦迪先是左手投进一个三分球，然后用右手投进一个三分球，接下来制造对手犯规罚进两分，最后用一个漂亮的手指拨球上篮结束了这一段令人瞠目结舌的表演。**麦迪10分，其他人0分，他把比分差距再度拉到了两位数。**

最终魔术队以99：94赢得了这场比赛的胜利，麦迪的最终得分为43分。

“这个家伙可能是现在这个星球上最好的篮球运动员，”活塞队主教练里克·卡莱尔在赛后说，“我们知道他会得很多分，做一些匪夷所思的壮举，但如果他每场比赛都能得到40分以上，那对我们来说会非常艰难。”

接下来的三场比赛，麦迪分别得到46分、29分和27分，在第三场和第四场比赛里，虽然他的得分数据下滑了，但他的篮板、助攻、封盖和抢断数据在全面上升，失误数据也降到了最低。他带领着魔术队取得了3：1的领先。如果这是前一年，如果季后赛第一轮还是五场三胜制，那么他们已经进入第二轮了；但这是NBA把首轮季后赛改为七场四胜制的第一年，于是，麦迪距离他第一次进入季后赛第二轮还有一个胜场。

“很高兴能进入季后赛第二轮。”他骄傲地对世界宣布，昌西·比卢普斯站在球场的另一头看着他，以为他忘记了季后赛改制的事情。但也许，麦迪只是看着那个闪着金光的目标，仿佛它已是他的囊中之物。

死寂之地

但是命运女神不肯亲吻麦迪的脸颊，或者她已经给了他足够的筹码，便拒绝再赐给他相应的运气。在放出大话之后，麦迪的希望却落空了，系列赛第五场，活塞队仅仅让魔术队得到了67分。当麦迪离场的时候，奥本山宫殿球馆的球迷们对着他竖起三根手指，然后放下一根，仿佛在提醒他，活塞队距离下一轮的目标也只差两个胜场了。

在最后的两场比赛里，活塞队没有再给魔术队留下半点机会，他们分别以103：88和108：93轻松获胜。魔术队再一次倒在了季后赛第一轮。

然后魔术队的发展就如同连环车祸一般，从一个不幸的意外开始，导致了一连串不幸的结果，最后陷入了一发不可收拾的境地。首先是格兰特・希尔在手术中被感染，接下来一整个赛季报销。然后球队里的伤病蔓延开来，包括麦迪自己，他在前两个赛季就一直在跟腰背部和膝盖的伤病做斗争，但始终未愈。后来他在回顾自己职业生涯的时候非常恨这一段经历，他常常说，如果不是在魔术队那几年需要非常拼命地一个人扛着球队前进，那么他的身体不会变得那么脆弱，他的职业生涯也不会结束得那么匆忙。

总而言之，当2003—2004赛季开始，魔术队艰难通过加时赛拿下了第一场常规赛的胜利之后，就开始一路连败。当他们输到第九场的时候，魔术队决定炒掉主教练道格・里弗斯，以为这样就能换来一些新鲜的空气，但助理教练约翰尼・戴维斯上位后，球队又输掉了10场比赛，最终达到了队史首次的19连败。

如果你曾经在职业球队工作过，你一定知道，当连败场次达到一定数量之后，整个俱乐部上下都会像被施了噤声咒一样，陷入死一样的寂静。那是一种非常可怕的感受，球员在训练时不敢彼此谈笑，在更衣室里不敢聊天，教练们在开

会、讲解战术甚至面对媒体的时候都会变得沉默（除了发疯一样辱骂所有人的时候），甚至连工作人员之间的邮件都开始明显精简用字。最可怕的还是在客场。职业球队的客场旅程非常漫长，尤其是连着好几个客场的那种情况，当你离开一个球馆，坐上大巴到机场，然后搭乘飞机去另一个城市，再坐大巴到新城市的球馆放行李，接着再到酒店入住，这整个过程可能需要十多个小时。在被连败阴云笼罩的时候，平时可能欢声笑语分成几个小团体打牌、打游戏、聊天、睡觉的这十多个小时就变成了地狱，所有人的屁股都钉在自己的座位上，所有人都在假装睡觉但没有谁能真的睡着，这时候连呼吸的音量都需要被控制，大家在维持着一种难堪的、心照不宣的、死一样的寂静。

在这绝望的寂静之中，麦迪受够了。**当赛季打到一半的时候，麦迪已经想要离开，媒体也感知到了这一点。**《奥兰多哨兵报》透露麦迪想被交易，但他还没有对管理层正式提出请求。而《体育画报》在一次采访中问麦迪关于下个赛季的打算时，麦迪坦诚地回答："这完全取决于格兰特·希尔的状态，如果格兰特能复出而且保持健康，我们又能想办法找一些有能耐的球员补充进阵容里，那我会很乐意留在奥兰多。"

麦迪的个人表现还是一如既往地好。他整个赛季拿到了场均28分的好成绩，这让他蝉联了联盟得分王的桂冠，另外，他还有6个篮板和5.5次助攻以及1.4次抢断。最值得纪念的一场比赛发生在2004年3月10日，特雷西·麦克格雷迪成为NBA历史上第11位单场得分超过60分的球员。面对失去了乔丹的华盛顿奇才队，他一个人37投20中，罚球26投17中，全场比赛砍下62分，还有10个篮板入账。魔术队最终以108：99获胜。

但关于2003—2004赛季，欢乐的记忆大概也就这么多了，甚至有一次，麦迪一个人砍下了51分，但魔术队依然输给了丹佛掘金队。当魔术队以21胜61负的成绩排在联盟垫底位置结束赛季的时候，麦迪迫切地想离开奥兰多，但最终做出决定的是魔术队，他们在3月更换了总经理，新上任的是一个谁也没听说过的冰球运动员（他在1987年NHL选秀中在第73顺位被选中，这基本总结了他的职业生涯），而这位名叫约翰·维斯布罗德的先生对麦迪和他所创造的奇迹一点儿都不感兴趣，他说麦迪抱怨了太多“没有帮手”的事情，他说球队需要重新建立起一种“无私的文化”。

然后魔术队抽到了状元签，他们选中了年轻的“魔兽”德怀特·霍华德。

奥兰多魔术队不再需要一个单打独斗的超级巨星，他们决定了麦迪的未来落在休斯敦。

ROCKETS
1
ROCKETS
11

PART4

姚麦组合
最美期待

第1章

“双核”火箭

ROCKETS
1
ROCKETS
11

2004年休赛期，休斯敦火箭队做了一件大事，他们将首发阵容的五分之三（史蒂夫·弗朗西斯、卡蒂诺·莫布里和大前锋凯文·卡托）送到奥兰多，换回特雷西·麦克格雷迪。

彼时的麦迪仅仅25岁，连续两年摘下联盟得分王头衔。再往前一个赛季，他在魔术队打出了几近神迹的表现，场均32.1分、6.5个篮板、5.5次助攻、46%的投篮命中率，其中三分球命中率接近39%。在那个时刻，他是这颗星球上最有天赋的篮球运动员。

但休斯敦火箭队当时的主帅杰夫·范甘迪有种执拗的认真，在见到麦迪的第一面，他就不打算用花言巧语来讨好这个刚刚被交易来的大明星。麦迪降落在休斯敦，而范甘迪对他说的第一句话是：“你不会再成为联盟得分王了。”

伴随着麦迪惊讶的神情，在他眼前展开的，是休斯敦的新生活。与猛龙队和魔术队都不同，他即将加入的是一支有历史的球队，更重要的是，这是一支有建队核心的球队。

中国巨人

姚明。

麦迪当然知道他。2002年的NBA状元秀，来自中国的大个子，身高2.27米，即使在NBA这个球员身高惊人的世界里都显得像个巨人。“透露一个秘密，”麦迪说，“我以前在魔术队的时候，每次打火箭队都憋着劲儿想在姚明头上扣篮。”

为什么要去征服巅峰？因为山在那里。麦迪以前可没有想到，他会成为山的伙伴和捍卫者。

在休斯敦的第一次见面，范甘迪对他解释说，因为我们队中有个2.27米的大个子，他是我们的核心，我们要打内外配合的篮球，你得学会放慢脚步，跟他配合。你不会再有机会成为联盟的得分王。

这意味着麦迪需要彻底改变他的打球风格。在此之前，麦迪的关键词是快攻、一条龙、暴扣，那些让人看了就兴奋的视觉盛宴。但是姚明的风格当然跟快

攻毫无关系，他是稳定、扎实、天赋卓绝的大个子，是阵地战的代表。弗朗西斯被交易的主要原因就是他的风格与姚明不匹配，而且他也不愿意为了姚明改变他的球风。

但是麦迪非常愿意。他一直有种天真的气质：在猛龙队他说自己和卡特会成为年轻版乔丹、皮蓬的时候是这样；刚去魔术队时期待夺取不止两三个总冠军的时候是这样；来到休斯敦，他对未来也依然有着天真的期待。当时24岁的姚明已经初步展现了他的内线统治力，他在2003—2004赛季里首发出战了每一场比赛，场均出手12.5次就能得到17.5分，命中率高达52.2%，罚球命中率超过80%，他还能场均摘下9个篮板、1.5次助攻和1.9次封盖。一言以蔽之，姚明在那个时候，是联盟里最具巨星潜质的超级中锋。

“我和姚明能成为联盟里的一股不容忽视的势力。”麦迪在第一次接受休斯敦媒体采访的时候说，他的嘴角上翘，露出一个天真的微笑，“我们可以成为奥尼尔和科比，但是组合寿命比他们要长得多。”

他的梦想并非没有依据，这种天才外线加上沉稳内线的组合，是NBA历史上最经典的夺冠“双核”配置。比如麦迪提到的沙奎尔·奥尼尔和科比·布莱恩特，比如“魔术师”约翰逊和“天勾”贾巴尔，比如“J博士”朱利叶斯·欧文和摩西·马龙，甚至还有鲍勃·库西和伟大的比尔·拉塞尔。

但火箭队老将朱万·霍华德认为暂时不必启动这样的比较：“这对姚明和特雷西来说不公平，加在他们身上的期待已经够多了。”

不过谁都无法否认，这是一个为争冠而设计的组合，至少在当时所有人都是这么想的。

姚明视角

从姚明的视角来看，麦迪给他的第一印象是安静。

第一次见面是在火箭队的训练场边，姚明记得，那天范甘迪跟他打了个招呼，然后随意地指了指旁边，说："认识一下，这是特雷西。"

姚明很擅长观察别人，两三天之后他就已经大体摸清楚麦迪的个性了："他会主动跟我打招呼，但他是个很安静的人。如果一群人在更衣室里，一边是'老穆'穆托姆博，一边是'勺子'克莱伦斯·韦瑟斯庞，还有其他队友挡在前面，你甚至不会察觉，这支球队里打过最多全明星赛、现在NBA里最好的得分后卫之一的麦迪其实坐在他们后面。"

这时候的姚明还习惯于叫弗朗西斯"老大"。在过去的两年里，弗朗西斯将他纳入自己的羽翼之下，也自然承担起更衣室领袖的责任。弗朗西斯是那种典型的NBA球星，特别喜欢并擅长表达自己，喜怒哀乐都摆在脸上。有这么一个"老大"，对新人来说是很幸运的，因为你不需要去费心揣摩他的心情，"老大"本人就会很明确地让所有人感知到自己的情绪和态度。

但麦迪不是这样。麦迪的眼皮总是耷拉着，看起来一副没有睡醒的样子。他也不喜欢说话，倒不是耍大牌或者摆架子的那种故作矜持，而是天生喜好安静。"但你并不能因此说他孤僻，他并不是不愿意和别人交流。"姚明说，"最简单的例子，他不怎么说话，但别人说话的时候，他都在一边注意听；他不会讲笑话，但别人讲个笑话，他也在旁边很开心地笑。"

麦迪主动向姚明递出了橄榄枝，在第一次训练之后，他跟姚明说，他喜欢跟他一起打球。"我想我也会喜欢的。"姚明对中国记者说，"如果我们互相支持，谁会不喜欢和他合作？"

OCKETS
11

Gatorade
ROCKETS

球队领袖

对任何“双核”甚至“多核”球队来说，媒体和球迷们总爱追问的一个问题是：谁才是这个球队的绝对领袖？谁是老大？谁更有话语权？谁才是狼群里的那匹头狼？奥尼尔最后离开湖人队绝对有这个原因，他跟科比都很有个性，并且他们有着不同的理念和观点，因此导致了更衣室失序，奥尼尔远走迈阿密，湖人王朝被迫中止。

但麦迪和姚明没有这个问题，非要说的话，这支休斯敦火箭队的问题出在完全相反的地方。

关于麦迪的领导力，无论是杰夫·范甘迪还是他在魔术队的教练道格·里弗斯，都简单直接地给出答案：“麦迪从来都不是一个领袖。”

麦迪在多伦多的时候就乐于躲在卡特的庇护之下，他去到奥兰多，本来也以为自己是去当格兰特·希尔的副手。里弗斯甚至表示，麦迪在魔术队里最不幸的一点在于，他是一个无私的球员，但被迫要去打自私的篮球。“他当时必须承担起领袖的责任，他年纪还很小，但突然之间大家就告诉他，‘这是你的球队’，而这是很大的责任。”里弗斯说。

来到休斯敦火箭队之后，谁能把领袖责任从麦迪身上拿开呢？

对一支“双核”球队来说，答案看起来当然是另外一个核心球员。这时候的姚明刚刚24岁，进入联盟三年，他基本已经不再需要翻译来协助他回答媒体的问题，他也已经准备好成为一名领袖，至少在2004—2005赛季训练营开始时他是这么说的。但他的英文可能并没有好到纯熟地使用各种美国社会的流行表达方式，去威慑整支球队服从他的命令。而且姚明传承了东方文化里较为内敛的部分，这也并不利于他像美国人所期待的那样在更衣室里建立权威。

“最好的球员应该给球队定调，这一点毋庸置疑。”范甘迪说，“但如果他们做不到，那主教练最好担负起这个责任。”**于是范甘迪成了火箭队的绝对核心，他控制着球队的节奏，也控制着球队的习惯和情绪。对麦迪来说，这是他职业生涯里发生过的最好的事情。**

“我从他身上学到了很多东西，许多我以前从来不知道的东西。”麦迪说，“教练的整个战术意图、教学技巧，对我来说都像是打开了新世界的大门，但这是一件好事，我学到了很多，这会让我变成一个更好的球员。”

他尤其赞赏的是范甘迪对细节的把控。针对每一场比赛，范甘迪都会细致地准备很多，他会针对对手布置一些非常具体的战术，具体到在面对A球员持球进攻时应该怎样在防守中跑位，或是在遭遇B球队防守时应该怎样打出进攻配合，“这些小事，就是这些小细节。”麦迪说，“我以前对这些一点儿概念都没有。”

直到他职业生涯结束之后，麦迪都一直在说范甘迪是他最喜欢的教练，特别是范甘迪精细化执教的这个特质。这再一次提醒我们，麦迪跟科比、詹姆斯这样的球员最大的差异在哪里，即使天赋同样高超，但麦迪永远不像他们那么自我，他很乐意被“安排”进具体的职务里，他可以不要那么多自由发挥的空间，还有，他甘愿成为球队的第二号或者第三号人物。

从这个角度看，火箭队对麦迪来说，是一个比魔术队好一百倍的选择。

第 2 章

麦迪时刻

然而，横亘在火箭队面前的难题与魔术队并无本质区别，尽管那时候的姚明非常健康，足以担当起“双核”之一的作用，但围绕在核心们周围的球员，却并不比魔术队时麦迪身边的球员优秀多少。

缓慢开头

让我们来简单罗列几个名字：迪肯贝·穆托姆博、鲍勃·苏拉和朱万·霍华德，这就是2004—2005赛季火箭队除了“姚麦”之外最好的三个球员。更要命的是，他们都已经处于职业生涯的暮期，穆托姆博当时已经38岁。事实上，在这个赛季出场超过30场的火箭队球员中，除姚明与麦迪外，最小的一位年纪也有28岁（斯科特·帕吉特），这也就意味着两点：第一，他们不会再有新的成长；第二，随着赛季的进展，他们的状态会因为体力下降和身体受损而变得越来越糟糕。

除此之外，麦迪与姚明的配合一开始也不顺利。毕竟麦迪需要改变他的整个打法，来适应火箭队围绕着姚明展开的新战术，“一开始真的很不容易，因为我这辈子还没有搭档过很厉害的内线球员。”麦迪后来承认道。所以，这支“双核”火箭队一开始的表现并不尽如人意，他们用了35场比赛，才确保球队的胜率能稳定在50%之上。

但麦迪的表现精彩极了，他依然是那个统治NBA的超级巨星。

在他穿上火箭队战袍的第一场比赛里，麦迪攻下了18分。第三场比赛，面对孟菲斯灰熊队，他拿下30分，并送出9次助攻。第十一场比赛，他得到32分，并有7个篮板、5次助攻进账，帮助球队在加时赛中战胜洛杉矶快船队。

在一场加时输给达拉斯独行侠队的比赛中，麦迪一人独得48分，并且有9个篮板和9次助攻入账，几乎完成三双。那场比赛，他32投19中，其中三分球13投6中，尽管球队没能获胜，但麦迪的个人表现无可指摘。

然而，麦迪在2004—2005赛季的最大亮点尚未到来。

35秒13分

2004年12月9日，休斯敦火箭队的赛季第20场比赛，他们要在主场丰田中心迎战同州对手圣安东尼奥马刺队。

在得克萨斯州的三支球队里，休斯敦火箭队是最先捧起冠军奖杯的那个，在乔丹第一次退役的那两年里，“大梦”奥拉朱旺和他的伙伴们夺取了背靠背的总冠军。但毕竟大梦的时代已经过去，在2004年的这个关口，圣安东尼奥马刺队才是得克萨斯州公认最强的球队。马刺队已经顺利完成了从大卫·罗宾逊到蒂姆·邓肯的核心交接，两个年轻后卫马努·吉诺比利和托尼·帕克也成长为可靠的、全明星级别的球员，马刺队在1998—1999赛季和2002—2003赛季已经两次夺得总冠军。进入2004—2005赛季，圣安东尼奥马刺队是联盟中最大的夺冠热门之一，在与火箭队的比赛之前，他们的战绩是漂亮的16胜4负。

反观火箭队，他们在此战前是8胜11负，无论如何也称不上好。来到这场与马刺队的比赛中，火箭队依然表现得非常挣扎，他们全场的命中率不到35%，替补球员更是19投只有4中。当鲍勃·苏拉在比赛还剩1分21秒的时候投出了一个“三不沾”，火箭队主场的球迷失望透顶，他们一边狂嘘自己的球队，一边起身离场。

“我注意到球迷纷纷走向球馆的出口。”火箭队后卫安德烈·巴雷特说。然后火箭队球员对蒂姆·邓肯犯规，邓肯两罚一中，马刺队与火箭队的比分变为74：64，分差扩大到10分。这个时候球馆里的大部分座位都已经空了，全场16170名观众，留下来的寥寥无几。

姚明的邻居也在这个时候关掉了电视。

巴雷特说：“球迷都走了，我们开始为自己作战。”

火箭队的反击从麦迪的一次进攻开始，他突破后投篮不中，但姚明抢到进攻篮板扣篮得分。接下来是托尼·帕克在后场传球失误，火箭队的帕吉特断球后直接扣篮得分。在几秒钟内直追4分，此时时间已经不多了，火箭队被迫采取犯规战术，对方的德文·布朗两罚全中，差距又拉大到8分。

然后火箭队进攻，他们寻找着机会，**当比赛还有35秒结束的时候，麦迪的表演拉开了序幕。在这之后的时间会被命名为“麦迪时刻”，在十几年后都依然是球迷们津津乐道的伟大表演，但在当时，我们看见的只是麦迪运球到前场，几乎没有任何准备动作，一个干拔三分，将分差缩小到5分。**

休斯敦的球迷们仿佛又被注入了生机，那些还没有退场的观众聚集在一起，用以前两倍的音量为主队加油。

火箭队采用犯规战术，马刺队德文·布朗两罚命中，马刺队以78：71领先。

范甘迪在场边对球队大吼：“还有时间，还有时间！”鼓励球员们不要放弃，**然后麦迪又投中了不可思议的一球，他和姚明做了一个掩护后，引诱邓肯对他犯规，并且在下落过程中投出三分球，球进了，再加罚一次，分差缩小了4分。现在火箭队只落后3分了！**

“我知道他会以为我要利用姚明的掩护直接跳投，”麦迪在赛后谈到这个球，“我知道我能用假动作骗到他，而他确实上当了。”他承认自己只是想骗到三次罚球的机会，他甚至说自己也不知道怎么投出球去的，但当他意识到的时候，球已经进了。“在那之后，每次我在场上出手的时候，我就知道那个球会不会进。我仿佛打开了新的视野，篮筐在这个时候看起来变得无比巨大。”

火箭队再次采用犯规战术，马刺队的蒂姆·邓肯两罚全中，马刺队再次将比分拉开，80：75。

绝大部分的NBA逆袭战都得感谢对手最后时刻在罚球线上的崩溃，但马刺队没有崩溃，他们一直保持着相当高的罚球命中率，这让火箭队的追分效率变得非常低，只能靠三分换两分这样一分一分地追，这也让麦迪的表演显得更加珍贵。

比赛时间只剩16秒了，火箭队险些发不出球，关键时刻，还是麦迪接住了难度极大的传球，然后在防守专家布鲁斯·鲍文面前再次出手。鲍文这个时候吸取了邓肯的教训，他在起跳阻拦时有意向后靠了靠，决不让麦迪再获得罚球机会。但是**面对全联盟最好的外线防守者，麦迪投**

RED ZONE
BOWEN
12
in HD

篮命中三分球。“麦迪的手感变得无比火热，他进入了一种绝佳的比赛节奏，命中了几个很困难的关键球。”鲍文在赛后评价说，“他今晚表现得宛如神灵附体。”

这个时候，休斯敦丰田中心球馆的欢呼声听起来像是满座的音量，尽管还剩下不到1/4的球迷，但他们每个人都如此热切、如此虔诚地为主队加油和祈祷，他们隐约知道，自己正在见证篮球历史上最伟大的英雄表演之一。

在关键时刻，老练的马刺队还是犯错了。比赛还剩11.2秒，波波维奇叫了一次长暂停，给球员布置最后的战术。暂停时间结束，马刺队发球后，球传到了布朗手里，他运球冲进火箭队的内线，但他摔倒了，麦迪迅速拿起地上的球，直冲前场，在左侧三分线附近再次出手。“我知道我们落后两分，但我脑子里唯一的想法就是投一个三分球，我不想拿到球然后追平比分。”麦迪在赛后说，“我就是要把握住机会，投进三分球，赢得比赛胜利。”

比赛还剩1.7秒，特雷西·麦克格雷迪投出三分球，并再次命中。火箭队以81：80反超比分！整个丰田中心都沸腾了，奇迹就在大家的眼前上演，然后，随着帕克从后场运球到前场三分球出手不中，比赛正式结束，休斯敦火箭队以一种仿若梦幻的方式取得了最终的胜利。十几分钟之后，当他们回到更衣室，范甘迪对全队怒吼，责问他们为什么前面47分钟的比赛打得像在梦游。但没关系，在这一刻，彩色礼花从球馆上空绽放降下，火箭队的球员们簇拥着麦迪，抱着他蹦来跳去，球迷们久久流连于场边，对麦迪大吼着他们的爱和信仰。

“这是我有生以来第一次经历这样的球赛，感觉妙极了。”麦迪在场边接受赛后采访时说，“我的队友们都跑来跟我一起庆祝，拥抱着我，跳到我的身上……这种感觉非常棒。”

第二天早上，姚明遇见他的邻居，得知邻居在比赛还剩一分钟时关掉了电视，他大笑起来：“天哪，你们错过了太多。我跟麦迪在最后一分钟砍下了15分，逆转获得了胜利！”

黑哨断魂

2004—2005赛季常规赛结束的时候，火箭队取得了51胜的成绩，排在西南赛区第三位，季后赛第一轮的对手则是同州的另一个劲敌达拉斯独行侠队。这不是最理想的情况，得克萨斯州内战向来无比激烈，火箭队想要打破首轮迷障并不容易。

但麦迪做了他能做的几乎所有事情。他的命中率超过45%，他每场都能稳定得到30分左右，能抢篮板，能传球，甚至还能防守德克·诺维茨基，而每当他下场轮休的时候，火箭队就会崩溃地迎来一阵失分潮。前两场比赛，他分别拿到34分和28分，和姚明一起带领球队在客场取得两连胜，看起来形势一片大好。最值得纪念的一个瞬间发生在第二场比赛里，当时火箭队以19：18暂时领先，独行侠队派出身高2.29米的肖恩·布拉德利参与轮换阵容，而麦迪在左侧持球，大跨步掠过诺维茨基，然后垂直起跳，骑在布拉德利身上完成一记重磅劈扣。“我当时就坐在场边看着这一切发生，”火箭队当时的总经理卡罗尔·道森说，“特雷西起跳跨在他身上，如同翻身骑上一匹高马。”

但火箭队并没有乘势追击，相反地，随着姚明陷入犯规危机，其他球员表现平平，麦迪再一次落入了魔术队时期那种孤立无援的境地。麦迪在接下来三场比赛中分别得到了28分、36分和25分，但火箭队依然三连败。尽管他们在第六场比赛中再次抢得一分，但在关键的抢七大战中，火箭队经历了前所未有的大溃败，麦迪26投10中，三分球7投1中，最终火箭队以76：116饮恨达拉斯。

在这个系列赛里，最令火箭队球迷们难以释怀的是姚明的犯规问题。在第三场和第四场比赛里，姚明几乎是呼吸都会被吹犯规，他的上场时间也因此大为缩短。几年之后，因赌球入狱的前NBA裁判蒂姆·多纳西在自传《个人犯规：震撼NBA丑闻第一人》中揭秘，他作为独行侠队对阵火箭队系列赛第三场比赛的主裁判，赛前被联盟官员召集去开会，并被告知需要不遗余力地吹罚姚明移动挡拆犯规和内线走步失误。

多纳西说，因为独行侠队老板库班拿着当时对姚明吹罚的视频找到了斯特恩，认为联盟在照顾火箭队，而且按照火箭队当时的势头，很可能会以4：0横扫对手，对NBA来说，这会让他们失去转播所带来的利润。

如果没有这样的“黑哨”，麦迪的季后赛命运能否在2005年就被扭转呢？麦迪从未对这件事做出评论，但在多年之后，他在ESPN的篮球评论节目上被问到对多纳西丑闻的看法时，他承认这件事影响了他对裁判公正性的判断。

DALLAS
41
PROUD, AND

第3章

时代终结

Basketball

McGRADY
1
20

进入2005—2006赛季，休斯敦火箭队承载着巨大的希望。因为他们前一个赛季打出了50场以上的胜场，因为他们的两个核心球员麦迪和姚明在季后赛里分别打出了30.7分、7.4个篮板和21.4分、7.7个篮板的绝佳表现，也因为26岁和25岁正是NBA球员的黄金年龄——他们不再青涩，体能状况也处于巅峰，而在经过一个赛季的磨合之后，他们应该比上个赛季表现得更好。

火箭队的总经理道森计划在这两年退休。他曾经承诺过老板莱斯利·亚历山大，保证会在退休之前给老板打造出一支争冠球队。从“姚麦双核”的第一个赛季来看，他的承诺几乎已经实现。

直到一个个问题冒出水面。

个人问题

这一年的NBA全明星赛在休斯敦举办，拥有中国巨量选票的姚明以第一名入选，而麦迪则在正赛里夺走了所有人的光芒。麦迪在比赛中轻松攻下36分，并且在比赛的最后时刻有机会追平比分，但面对勒布朗·詹姆斯的防守，麦迪一脚踩进三分线内，他的投篮却连篮筐都没碰到，最终西部全明星队以120：122输掉了比赛。

麦迪在赛后声称詹姆斯对他犯规了，他说：“否则我怎么可能投出三不沾？尤其是在这种胜负攸关的时刻。”但他说这话的时候脸上带着微笑，一点儿也不在意裁判没有吹罚，他说，这次全明星周末的休息对他来说至关重要。

没有多少人知道，麦迪在2005—2006赛季陷入了他个人生活最大的困境，直到在2006年全明星赛上，**他坦然承认：“我的个人生活问题严重影响了我本赛季在球场上的表现。”**他甚至说他已经跟范甘迪聊过，希望能够休息一段时间，从公众视野里消失一会儿。他还说，他并不是一个脆弱的人，他经历过家人离世，经历过朋友被谋杀，但现在发生的事情是他人生中最难受的一次，因为是很多不同领域的烦心事撞在一起，造成了灾难一样的后果。

麦迪不肯说明究竟发生了什么事情，只是强调自己非常希望能够利用全明星赛的机会短暂“逃离”日常生活的烦恼，“获得短暂的头脑清净，享受篮球的纯粹乐趣，”他说，“我当然要充分利用好这段美好的时光。”

麦迪当时究竟发生了什么，到如今也依然是个未解之谜。但有两件有趣的事情值得一提：第一，许多年之后，当麦迪在电视上谈论起迈阿密热火队总裁帕特·莱利与球星德韦恩·韦德之间的和解时，提到自己和妻子在婚前曾经经历过一段“非常困难”的时光，直到参加某一次家庭葬礼的时候，他们在哀痛之中重新谅解了对方，然后才顺利地正式结为夫妻；第二，麦迪在2006年5月卖掉了他在奥兰多的豪宅，尽管奥兰多这几年的房价飙升，但麦迪的最终卖价反而比他6年前买进时还便宜了1/6。

无论如何，麦迪在全明星赛之后的状态也没有特别提升，20天之后，**他在对阵印第安纳步行者队的比赛中重摔在地，他的腰背部严重扭伤，痛苦地退出了那场比赛，而这是他在2005—2006赛季里的最后一次亮相。**

伤病缠绕

麦迪的腰背伤要追溯到魔术队时期，早在2001年，他的腰背部就出现了一些问题。最初是轻微的痉挛，只需要适当治疗，加上充分的休息，这点小伤就可以痊愈。但作为一个单打球队的超级巨星，麦迪实在是太累了，从2000—2001赛季开始，连续5年，他的场均上场时间就没有低于38分钟。在2004—2005赛季，他的上场时间甚至达到了40.8分钟。这是什么概念？即使是以体力卓绝著称的勒布朗·詹姆斯，在2007—2008赛季之后也没有场均上场超过40分钟的情况。

时间来到2005—2006赛季，麦迪加入NBA的第九个年头，原本只是有些恼人的小伤发展成了严重的问题，这个赛季，他缺席了35场比赛。

雪上加霜的是，姚明也在这个赛季陷入伤病困扰。这个大个子从前没有这个问题，从上海到休斯敦，他一直是个非常健康的小伙子——在休斯敦的前三个赛季，他总共只缺席过两场比赛，但在2005—2006赛季前后，姚明就接二连三遭遇伤病打击。先是2005年6月，姚明接受脚踝骨扫描之后发现骨刺，被迫做手术取出；然后是2005年12月，姚明左脚的甲沟炎严重到感染骨头，他因此连续做了两次手术清创消炎；2006年4月11日，姚明左脚的第五跖骨断裂。

关于姚明的伤病，许多人认为是国家队的征战需求让他在休赛期得不到足够的休息而导致的恶果，也有很多人认为这是因为他巨大的身躯给脚部造成了沉重的负担所致，但麦迪在心里有自己的猜测："我觉得锡伯杜练他练得太狠了。"许多年以后，麦迪在《硝烟弥漫》里对他的两个前NBA同僚吐露心声："有时候我会情不自禁为他感到难过，因为他真的非常努力，而锡伯杜在每一场比赛之前给他安排的训练都特别辛苦，几乎要榨干他的全部精力，有时候看起来甚至像要杀了他。"

汤姆·锡伯杜当时是火箭队的助理教练，专门负责防守战术和内线球员的培养，而锡伯杜此人确实也以过度操练和使用球员而闻名：公牛队球迷都不会忘记他是怎么把乔金·诺阿用到崩溃的，而他在明尼苏达森林狼队当主帅时，在吉米·巴特勒被交易前的两场比赛，吉米·巴特勒还被他派上场打了41分钟和43分钟。

无论原因是什么，伤病的结果已经产生，而麦迪和姚明在这个赛季里一共只在31场比赛中并肩作战。另外，火箭队的休赛期大交易也沦为彻底的失望：他们在休赛期用4年2240万的价格签下了斯特罗迈尔·斯威夫特，而麦迪说他要帮助斯威夫特成为一个全明星级别的球员，在他的畅想里，斯威夫特能够在姚明和他的身边成长为一个类似于阿玛尔·斯塔德迈尔的角色。但斯威夫特远远没有满足大家的希望，在2005—2006赛季，他场均只能拿到8.9分和4.4个篮板，于是在接下来那个休赛期里就被火箭队找机会送了出去。

残阵火箭队在这个赛季中只取得了34胜，也因此无缘季后赛。不过从好的方面说，糟糕的成绩为火箭队获得了2006年的第八号顺位选秀权，然后精明的休斯敦人用它换来了肖恩·巴蒂尔，一名经验丰富的外线球员，远射和防守俱佳，是一名优秀的角色球员。许多年以后，麦迪会想起这个赛季，他会说火箭队终于寻找到了正确的方向。

是的，尽管麦迪本人因为受到腰伤困扰而在赛季前20场比赛中表现平平，他只有两次得分超过30分，甚至还有3次得分不过双。但伤愈归来的姚明仿佛进入了职业生涯的新阶段，他逐渐显示出前所未有的统治力，在前20场比赛中，他场均得到25.5分和9.5个篮板。肖恩·巴蒂尔、拉夫·阿尔斯通和卢瑟·海德也给球队贡献了不小的力量，在前20场比赛结束时，火箭队的成绩是14胜6负。

但伤病的幽灵始终不肯放过这一支休斯敦火箭队。12月2日，麦迪在与骑士队的比赛中不慎被队友穆托姆博一肘锤在脸上，导致轻微的脑震荡，这让他缺席了这场比赛剩余的时间。然后是12月12日，麦迪的腰伤再犯，他因此缺席了接下来火箭队的7场比赛。更不幸的是，当麦迪终于做好准备要复出的时候，姚明在12月23日面对快船队的比赛中仅出场5分43秒就痛苦地倒在了地上，他将缺席接下来两个多月的比赛。

然而，没有姚明的火箭队，却在1月打出了神奇的13胜4负，胜率直逼联盟前四。麦迪打出了MVP级别的表现，这时候的他已经不再像年轻时那样自由飞翔，他再也不能只用一个大跨步就飞速甩开防守者，但他的传球视野比从前更好，他成了一个更好的指挥家。于是，朱万·霍华德成了最大的受益者，麦迪给他喂球，让他在这段时间能够场均得到14分。

当姚明和麦迪再次出现在同一片赛场上，已经是2007年3月的事情了。范甘迪开始谨慎地使用他最好的球员们，将他们的上场时间控制在35分钟以内，并且在赛季接近尾声的时候想尽办法找机会让他们轮休。但是事实证明，只要“双核”俱在，这支休斯敦火箭队确实非常优秀：从3月5日开始一直到常规赛结束，姚明和麦迪一起打了21场比赛，其中16场获得了胜利。

“我们在一起打了一些非常美丽的篮球，”麦迪后来回忆说，“我们身边的拼图逐渐凑齐，我感觉一切都在变好。”

火箭队最终取得了52胜30负，以西南赛区第三名的身份杀入了季后赛。这一次，他们将迎战犹他爵士队，并且手握主场优势。

惜败爵士

面对年轻的德隆·威廉姆斯和卡洛斯·布泽尔，火箭队一开始打得很顺，两个主场守得轻而易举，姚明在第一战后被美联社称为“爵士队无法逾越的长城”，而麦迪在第二场比赛中，以31分、10次助攻的表现帮助球队拿下了胜利。在客场两连败之后，“双核”再度启动，麦迪得到26分和生涯最高的16次助攻，而姚明进账21分和15个篮板，并在最后11秒两罚全中，为火箭队锁定胜局。

还差一场，他们就能打破迷障，突破到季后赛第二轮；还差一场，他们就能进军暌违十年的西部半决赛。

然后是第六战，麦迪23投仅有8中，虽然拿下26分和10个篮板，但火箭队依然在客场输给爵士队，系列赛被拖入抢七大战。

所有人都知道这场比赛有多重要，尤其是金州勇士队已经在另一边完成“黑八奇迹”，将火箭队的宿敌达拉斯独行侠队扼杀在第一轮。“所有人都知道，这就是我们的黄金机会，”巴蒂尔在赛后说，“我们应该要在季后赛里走得更远。”

但这一场抢七大战，火箭队打得惊心动魄。首先是姚明完全没能拦住卡洛斯·布泽尔，让后者轻松拿下了35分和14个篮板，而姚明的手感也仿佛被爵士队的防守磨了个精光，他20投只有9中，45%的命中率看似不算太低，但比起他平常基本保持在50%以上的命中率，确实有差距。然后，麦迪的罚球在整个系列赛里似乎都存在着巨大的问题，这一场也仅是9罚5中。

更令球迷们揪心的是，在比赛进行到第二节7分钟的时候，麦迪突破上篮，落地时踩到防守球员脚上，露出了明显的痛苦神情。然后第三节，德隆·威廉姆斯突破，姚明内线补防，但两人相撞，姚明捂着膝盖倒地。

火箭队一度落后16分，但又顽强地将比分追上，在比赛还差19秒结束的时候，布泽尔两罚命中将分差保持在4分，麦迪试图在三分线外投篮，但他遭到了爵士队的包夹。在这一刻，35秒13分像是上辈子发生的事情了。麦迪只能选择突破，火箭队99：101落后，比赛还剩下9秒。然后火箭队再度使用犯规战术，但爵士队没有给火箭队留下任何机会，安德烈·基里连科两罚命中，为爵士队锁定了胜局。

麦迪在这场比赛中拿到29分，还有13次助攻，但这些数据在失利面前显得如此苍白。当比赛结束的哨音响起，麦迪落下不甘的泪水，面对记者关于他始终不能突破季后赛首轮迷障的问题，他哽咽着说："这支球队能走到我带他们前进的极限，也许我还能做得更多，但……"他顿住，声调颤抖了一下，接着说："我努力了，我已经竭尽全力。"

甚至他的对手都对他充满同情，马特·哈普林在这个系列赛里大部分时间都负责盯防麦迪，他在赛后承认，这场比赛的结果在很大程度上取决于运气。"有一些球反弹的方向很随机，只不过刚好被我们拿到了，然后就变成了决定性的因素。"他说，"特雷西现在肯定百感交集，我希望他知道，他已经做得足够好了。"

那个时候我们还不知道，这将是“姚麦双核”在季后赛的最后一次合体。在这一天之后，他们再也没能在季后赛中携手战斗。

ROCKETS
5
JAZZ
5
T-Mobi

ROCKETS
1

PART5

火箭解体
纪录永存

第1章

焕然一新

Basketball

TUNDRA
UTHW
adidas

道森退休了，火箭队制服组新的话事人是达雷尔·莫雷，而莫雷上台后做的第一件事就是炒掉了杰夫·范甘迪。这里头还有一个小小的罗生门戏码：莫雷说火箭队联系新主帅人选是因为范甘迪迟迟没有告诉他们是否愿意继续执教，而范甘迪听说以后表示，他老早就告诉过球队他希望续约，他希望能够有机会继续指导这支火箭队。但无论事实如何，最后火箭队给范甘迪提供了一个高级顾问的职位，而范甘迪几乎没有犹豫就选择了拒绝，而最终站上火箭队帅位的是擅长普林斯顿进攻体系的里克·阿德尔曼。

我们已经知道，在过去三年里，尽管球队是“姚麦双核”配置，但火箭队更衣室里的领袖是范甘迪。现在范甘迪已经离开了，那么谁能承担起这个责任呢？于是莫雷和其他几个管理层人员找到麦迪，恳请他的帮助。

但麦迪礼貌地拒绝了他们。“我不适合这样。”他说。

后来莫雷意识到，麦迪确实不适合担当更衣室领袖的重责，事实上，在赛季逐步的进展中，他终究会找到球队的新领袖，只是这个人未必是他们最好的球员。

中国德比

2007—2008赛季，新上任的制服组给休斯敦带来了一些新气象，他们终于给姚明和麦迪拼齐了他们需要的支持团队。肖恩·巴蒂尔依然守护着球队的外线，穆托姆博（他当时已经41岁了）依然守护着球队的内线，查克·海耶斯依然守护着球队的精神状态。他们用首轮签选中了俄勒冈大学的阿伦·布鲁克斯。卡尔·兰德里在第二轮第一顺位被西雅图超音速队选中，随即立刻被交易来休斯敦。还有路易斯·斯科拉，这个27岁的阿根廷球员是在2002年被马刺队选中的国际球员，之前一直都在西班牙打球，在2007年夏天才被火箭队交易到手。

第一场比赛，对阵科比和他的湖人队，麦迪拿到30分。第二场比赛对战前一年淘汰了他们的犹他爵士队，麦迪爆发，27投17中，砍下47分，而罚球也是14投11中。他的状态看起来完全恢复了，不再受伤病的困扰，他又成了那个在场上可以予取予求的超级巨星。

但在很多年之后，还能让麦迪念念不忘的是另一场比赛：火箭队VS雄鹿队，姚明VS易建联，第一年货真价实的“中国德比”。

“我听说，那场比赛的观众达到了两百。”麦迪骄傲地对他的伙伴们宣称。

“两百？”

“两百个百万。”他说，这是讲英语的人才会说的计数方式，翻译成中文是两个亿。这个数字让美联社感到震撼，在NBA副总裁、全球商业事务总监海蒂·尤伯罗斯看来却稀松平常：“这只是一个很普通的数字而已，大家不必这么在意。”她说，“不过这场比赛确实是非常重要的，它表明了NBA全球化的推广计划正在崛起！”

对于正在崛起的全球推广计划，尤其是其中的中国力量，没有谁比麦迪的感受更深。作为姚明的队友，他得到了很多来自遥远东方的爱，在中国，他的球衣常年位列销量榜第一，甚至超过了姚明本人。

麦迪说，跟姚明一起打球，让他的品牌得到了全球化提升。不仅是麦迪自己，休斯敦火箭队整支球队都是如此。

体系更迭

但彼时的NBA，讨论的却是火箭队是否应该拆散他们的“双核”。持肯定观点的是“魔术师”约翰逊，这位湖人队名宿在TNT电视台上断言，姚明或者麦迪，火箭队必须送走一个了。“我知道他们在一起打得很好，但他们在季后赛就是赢不了。”约翰逊说，“他们连续在季后赛首轮出局，这证明了这一套行不通，火箭队应该尝试交易。”

《芝加哥论坛报》甚至开始引用“内部人士”的说法，表示火箭队内部普遍都对新帅阿德尔曼所推行的新体系与麦迪的旧风格之间是否匹配有所疑虑。作为著名的小球玩家，阿德尔曼的体系推翻了此前几年范甘迪在火箭队建立起来的战略思路，他逐步削弱内外组合战术的使用频率，而将麦迪安插在了球队的指挥中枢位置，所有战术都必须经过麦迪来分配运转：快攻时他是飞机的发动机，阵地战时他是外线的第一攻击点，而姚明，更多地与他做高位配合，帮助球队转移球。

“消息灵通人士”说，麦迪的风格更适合半场阵地战，而不是这种小、快、灵的快攻战术。特别是考虑到麦迪的伤病历史，诸如此类，火箭队最后可能会选择送走麦迪。

当然，芝加哥媒体的主要论点是希望公牛队得到麦迪，并以麦迪可能不适应火箭新战术的情况作为论据。尽管有时候你会惊讶于媒体和球迷们的健忘，因为麦迪在来到休斯敦之前，从来都是善于奔跑的飞翔巨星，但在2007—2008赛季的前两个月，感觉上，确实有一点证明了媒体的看法：**尽管麦迪表现得不错，但火箭队没他的时候更好。**

2007年11月14日，上半场结束前火箭队以49：61落后湖人队，麦迪左臂脱臼后表情痛苦地离场，然后火箭队在第三节打出了22：14的表现。12月19日对阵魔术队，麦迪带伤上阵10投1中后退场，下半场没有他的火箭队差点翻盘。然后是12月23日，对阵底特律活塞队，麦迪在第三节伤病复发被迫下场，当时火箭队已经落后10分。他在此战后决定专心养伤，而火箭队以姚明为核心打出了一波7胜2负。

火箭队真的需要麦迪吗？人们不禁发问，现在的休斯敦火箭队看起来是姚明一个人的球队，而麦迪可有可无。

新领袖

麦迪在2008年1月19日复出，但对火箭队来说，更重要的是他复出之前的那场比赛。当时火箭队主场迎战费城76人队，他们前三节打得非常好，最多时领先13分，胜利几乎就是囊中之物。但在第四节，火箭队松垮了下来，他们在这一节里出现了多达8次的失误，姚明3投0中，斯科拉4投1中，全队命中率只有28.6%。最终76人队成功逆袭，以111：107击败了火箭队。

这场比赛之后，姚明失望的脸登上了报纸头条和*ESPN*新闻，穆托姆博后来承认他当时开始焦虑“火箭队到底发生了什么”，而阿尔斯通则痛苦地说“我们拱手送出了这场比赛”。关键时刻，一个意外的人站了出来，成为更衣室里的新领袖。

后来美国篮球评论员比尔·西蒙斯会打电话给莫雷，问这个问题："在你们那个22连胜的赛季里，你认为，谁是你们真正的领袖？"

莫雷犹豫了一会儿，然后给出了一个意外的答案："大概是查克·海耶斯。"

从左往右依次为：斯科拉、海耶斯、麦迪

海耶斯当时24岁，非常年轻，比姚明和麦迪都小。他是2005年的落选秀，是在2006年1月被休斯敦火箭队用10天短合同签下的，但因为表现确实不错，被火箭队留了下来。他的年薪只有175万美元，属于NBA球员中的蓝领阶级。

如果你熟悉职业体育球队的话，就会知道，职业队的更衣室是现代社会里等级最分明的地方之一。要想在这个地方当老大，通常来说，要么你得资历足够老，要么你得是球队核心，一般前者比后者更加重要。

那么，24岁的落选秀海耶斯凭什么当领袖？

"他真正用他的努力和表现赢得了大家的尊重。"姚明说，"他每一场比赛都拼尽全力，把努力的态度带到了球场之上。"

阿尔斯通说："他希望我们每一天，每一场比赛，都能表现得积极，充满能量。”

巴蒂尔说：“他不是一个话很多的人，只有在他觉得特别需要传递一种信念的时候，他才会开口一锤定音。”

莫雷说：“而那一天就是我们的关键时候，我们正在追逐冠军，但事情的发展好像变了方向，于是海耶斯站了出来。”

于是，在范甘迪离开半年之后，休斯敦火箭队再一次找到了他们在更衣室里的领袖。比上一次更棒的是，范甘迪毕竟只是教练，而海耶斯是能真正将激情和奋斗带到场上的人。

第 2 章

22 场连胜

2008年1月19日，麦迪终于复出。当时的情况是这样的：火箭队只比50%胜率多一个胜场，过去两场比赛0胜2负。

媒体已经开始疯狂炒作麦迪是不是要被交易走，阿德尔曼是不是会被炒掉，诸如此类。

在休息三天之后，他们再次启程的第一个对手是圣安东尼奥马刺队，就是那个拥有蒂姆·邓肯、托尼·帕克和马努·吉诺比利以及伟大的格雷格·波波维奇的卫冕冠军圣安东尼奥马刺队。

麦迪并没有被列入首发名单，事实上，从这一场开始的四场比赛里，他坐上了暌违已久的替补席。

但是，重新拥有领袖的火箭队在场上证明了自己，而麦迪在这个过程中也再次确认了自己的核心地位。在他复出之后，火箭队击败了马刺队，他们打出4胜1负，然后就是史诗一般的22连胜。

相映生辉

这时候的阿德尔曼已经不再只依赖姚明和麦迪联手打出组合拳，火箭队的战术变成了一种类似于湖人队三角进攻的强弱侧转移打法，姚明在低位牵制对方的防守球员，大多数进攻战术都围绕他而展开，这就留给了麦迪广阔的空间和视野，这让他得以在弱侧“为所欲为”。麦迪是一个伟大的得分手，更是一个伟大的传球手，他与姚明的视野和传球能力将全队都盘活了。

这套打法几乎是无解的。***因为火箭队不再强求所谓的姚麦连线，他们主动放弃了这一点；相反地，他们是将姚明和麦迪视为两套不同的进攻战术的核心，一个在内，一个在外，火箭队的角色球员们可以根据场上情况给姚明或者麦迪打配合，从某种程度上来说，火箭队实现了真正的“双核”。***

这套战术有些复杂，火箭队的球员们花了一点时间才顺利地接受下来，但当他们完全吸收了其中的精髓，胜利随之而来。“因为有姚明，有麦迪，所有人都能得到无人防守的投篮机会。”阿德尔曼说，“我们现在变成了一支更好的球队，我们找到了自己的身份和定位。”

在一月底的时候，他们成了联盟中最好的球队之一。

2008年1月29日，休斯敦火箭队在主场迎战金州勇士队，以111：107获胜。麦迪没有在此战登场，但之后的每一场比赛他都不再缺席。2月初，火箭队开始客场之旅，他们连续以3分、8分和6分的分差击败了步行者队、雄鹿队和森林狼队。

“我们互相支持，互相喜爱。”麦迪说，“我们为彼此而战。”在这个过程中，麦迪与姚明化解了此前因为个性不同而隐约存在的矛盾，他们彼此谈笑，姚明甚至手把手地教麦迪学会了使用筷子。肖恩·巴蒂尔补充道：“这种友谊让球队的化学反应变得更好，这是无法作伪的氛围，整支队伍都需要有机地融合在一起，共同成长，共同前进。”

角色球员们都各司其职，他们开始拥有一种共同的信念，而这份信念让他们的新秀球员迅速成长，也让火箭队无往不利。

兰德里说道：“我知道我是替补球员，所以我的任何努力，都能给球队增加一分胜算。”

斯科拉说道：“他们信任我，所以我不能辜负大家的信任。”

布鲁克斯说道：“我的角色定位就是从替补席上站出来，给轮转阵容带来一些新鲜的思路，给麦迪传球，给姚明传球。”

海耶斯说道：“我的责任是让对手的每一个投篮都变得更难。”

他们大比分击溃了勒布朗·詹姆斯领军的骑士队和乔·约翰逊领军的老鹰队，当他们在丰田中心击败拉马库斯·阿尔德里奇和布兰登·罗伊带领的波特兰开拓者队，他们已经将连胜扩大到第七场。2008年2月13日，火箭队在主场迎战萨克拉门托国王队。正如莫雷所言：“我们当时的感觉非常好，赛季之初的颓势已经被完全逆转，球队上下信心十足，觉得第八胜手到擒来，因为我们接下来要迎战的，是一支阵容不怎么强大的国王队。”

国王队确实不太强大，在第三节结束的时候，火箭队才让国王队得了61分，当时他们的领先优势已经达到了18分。但第四节开始，罗恩·阿泰斯特完全打疯了，他打满了整节比赛，6投6中，一个人砍下15分，带领国王队掀起了一波强势的追分潮。其中最惊险的一幕出现在比赛还有1分钟结束的时候，麦迪和阿尔斯通连续出现失误，阿泰斯特两个跳投命中，国王队以87：86反超比分，比赛解说员发出了难以置信的评论：“火箭队以一种无法想象的姿态在我们面前崩溃。”

阿德尔曼叫了一个长暂停。

哨音吹响，麦迪在弧顶持球往内攻，阿泰斯特防他防得很紧，布拉德·米勒已经准备过来协防，而这就让米勒原本盯防的史蒂夫·诺瓦克处在了一个巨大的防守空白区。诺瓦克悄悄地绕到了麦迪身后，而麦迪在两人包夹中精准地将球传到了诺瓦克手上，后者接球，调整呼吸，起跳。

三分球命中。

“这完全是麦迪和史蒂夫的功劳。”阿德尔曼在赛后说，“我们得感谢麦迪的无私和信任，在关键时刻将球交给空位的射手。”

第11胜，火箭队大比分击败当时联盟排名第一的新奥尔良黄蜂队，并且只让对方拿到了80分。“我们开始意识到我们在构建一些伟大的东西，我们的防守很好，我们限制对方的得分。”**麦迪说，“突然之间，所有的齿轮都合上了。”**

姚明和麦迪处在最理想的阶段：他们两个人都打出了生涯最佳的表现，火箭队也打出了姚麦时期的最佳表现。

姚明离场

那些年的狂野西部永远在“军备竞赛”之中，当火箭队打出11连胜，西部的老对手们也没有闲着。在交易截止日前，保罗·加索尔来到了洛杉矶湖人队，菲尼克斯太阳队得到了沙奎尔·奥尼尔，贾森·基德加盟达拉斯独行侠队。

但火箭队并不害怕，他们找来了阿德尔曼的老部下鲍比·杰克逊。

“因为我已经非常熟悉这套进攻体系了，所以我融入得很快。”杰克逊说。确实，在加盟的第一场比赛里，杰克逊就拿下了14分，帮助球队以110：97大胜芝加哥公牛队，取得第12场连胜。

2月25日，火箭队训练，麦迪轻松愉快地谈论起球队的连胜和光明的未来：“我觉得我们这一次是真的团结一心，作为一个团队共同前进，我们为彼此而战。”这时候的他完全不知道，命运再次向休斯敦火箭队露出了恶意的微笑。

不到24小时之后，火箭队召开新闻发布会，宣布姚明左踝应力性骨折，赛季报销。

队友们是在当天训练前20分钟得到的这个消息，所有人都震惊了。他们都知道姚明为这个赛季付出了多少努力，也知道姚明对他们来说有多重要，就在他们经历球队最辉煌成功的时候，姚明却倒下了。一瞬之间，火箭队从联盟最火热的球队，跌入谷底，甚至有NBA评论员声称“无法想象火箭队还能打进这个赛季的季后赛”。

“我们都必须扪心自问。”麦迪说，“我们作为一支球队，能不能弥补姚明离去所造成的空白。”

对着采访镜头，麦迪表现出前所未有的坚定：“我们依然是一支很好的球队。”

面对华盛顿奇才队，麦迪的进攻表现并不好，他只是15投4中拿到11分，但他的防守足以让对手感到痛苦。麦迪和他的队友们几乎是活生生地让奇才队“窒息而亡”，在上半场还剩1分钟结束的时候，他们甚至只让奇才队得到了18分。“我们的防守一下子从联盟第一变成了可能是有史以来的最强者。”莫雷笑着说。

41岁的穆托姆博摇着手指填补上了姚明的位置，而火箭队开始习以为常地摧毁对手。火箭改成用双内线高位掩护，配合弱侧大量交叉空切，外加麦迪有球无球掩护、高位挡拆，他们的进攻是如此行云流水，防守又是如此地严密，**他们过关斩将沿途击败了灰熊队、掘金队、步行者队和独行侠队，每场比赛都能赢到两位数以上。**

“感觉好像我每天早上爬起来，咖啡泡得正好，路上一路绿灯，所有事情都心想事成。”麦迪说，在这个阶段，他每场比赛拿到22.8分，抢下5.6个篮板。有记者问他，你们现在这样连胜，会让你感到一丝惊讶吗？麦迪摇摇头，诚实地说，

“并不，我们全队上下都充满了信心。”

但在狂野西部，火箭队并不是唯一一支疯狂连胜的球队。当时火箭队17连胜，圣安东尼奥马刺队11连胜，洛杉矶湖人队在13场里赢了12场，菲尼克斯太阳队5连胜，甚至连科比都说“从未见过这样的情景”，科比露出一个无奈的笑容，对记者说：“你能想象吗，有一支球队已经17连胜了，他们还只排在西部的第五名。”

当时火箭队的战绩是40胜20负，依然落后于西部排名并列第一的马刺队和湖人队2.5个胜场。事实上，他们就连季后赛的位置都并不安全，在那个时刻，他们只领先排名第九名的丹佛掘金队4个胜场而已。

历史第二

2008年3月8日，麦迪面对新奥尔良黄蜂队（新奥尔良黄蜂队于2013年1月正式更名为新奥尔良鹈鹕队），砍下了41分。他在对方禁区里如入无人之境，27投17中，**布鲁克斯说“麦迪打出了我见过的最伟大的篮球表演”。他带领球队获得了第18胜。**

然后在主场迎战篮网队，18分大胜，连胜纪录延续到第19场。

在那个时候，NBA历史上最长的连胜纪录是33场，由1971—1972赛季的洛杉矶湖人队缔造。那支球队有：威尔特·张伯伦、埃尔金·贝勒、杰里·韦斯特和盖尔·古德里奇四个名人堂球员，还有未来的名人堂教练帕特·莱利。他们赢得了那一年的总冠军。

第二长的纪录来自1970—1971赛季的密尔沃基雄鹿队，他们有“天勾”贾巴尔、“大O”奥斯卡·罗伯特森和鲍勃·丹德里奇，三个名人堂球员。他们也赢得了那一年的总冠军。

19连胜的还有1999—2000赛季的洛杉矶湖人队，那是“OK组合”的黄金岁月。他们同样赢得了那一年的总冠军。

在历史上，能够创造这么长的连胜纪录的，无一不是巨星成群的强队，他们具有绝对的统治力，是总冠军最有力的争夺者。但2008年的这支休斯敦火箭队并非如此，从球队的阵容来看，麦迪是未来的名人堂人选，在这一波连胜之后他已经再度回到了联盟MVP的讨论之中。姚明或许也能在未来入选名人堂，但他已经因为受伤不在队中。其余的球员都是没有名气的角色球员。

没有人会想到火箭队能做到这个地步，人们看着他们的阵容，都在想他们是怎么做到这一点的。

“我们就是一群角色球员，围绕着特雷西·麦克格雷迪。”

“我们无法解释，所以我们不再解释。”肖恩·巴蒂尔说，“我们单纯地享受着这一切。”

然后击败老鹰队，然后击败山猫队（夏洛特山猫队于2014年5月21日正式更名为夏洛特黄蜂队），火箭队达到了21连胜，他们现在拥有历史上第二长的连胜纪录了。在这场比赛结束之后，麦迪一个人呆呆地站在场地中间，任由队友们对他拍拍打打，他只是一言不发，咬着嘴唇，露出一个浅浅的笑容。火箭队成为西部二号种子，而他们的下一个对手，就是历史最长连胜纪录的拥有者、现任的西部头号种子球队——洛杉矶湖人队。

麦迪VS科比

在这场比赛之前，科比已经放话出来说要终结火箭队的连胜，而麦迪乐意迎战。“那就让我们赢下第22场吧。”他说。与此同时，休斯敦丰田中心球馆上空垂下巨大的条幅，上面写着．“让连胜继续”。

官方数据显示，18409名球迷到现场观看了这场比赛。“听上去简直像是10万人发出的声响。”布鲁克斯回忆说，“我还以为这是季后赛时间了。”

科比在这场比赛里打得尤其努力，前三节，他一秒钟都没有休息过。即使对他这个级别的斗士来说，也是罕见的努力了。但火箭队并没有给他留出多少发挥的空间，前三节，科比23投9中，罚球2罚1中，拿到19分。而麦迪则被湖人队限制得更惨，上半场6投0中得0分，第三节4投1中拿到3分。

TOYOTA
BRYANT
24

双方的差距主要体现在第四节。尽管科比才是那个被公认为更靠谱的第四节球员，而麦迪则一向被认为关键时刻掉链子，**但这一场比赛，科比在第四节10投只有2中，而麦迪则是6投3中拿到8分，顺利地帮助球队扩大分差。**

更重要的是，当麦迪吸引了绝大部分防守火力的时候，拉夫·阿尔斯通命中了他职业生涯最高的8记三分球，他砍下全场最高的31分。当比赛还剩56.2秒结束的时候，火箭队已经以103∶89领先14分，科比终于第一次走到场边被替换下场。

“科比以为他能终结我们的连胜，但我们拿到了第22场。”麦迪笑着说。 在丰田中心，球迷们高举着标语，改写着NBA在这个赛季新推出的口号“奇迹诞生之地”、“22诞生之地”，他们写着，奇迹在此发生。

休斯敦火箭队成为新的西部王者。

第 3 章

盛极而衰

ROCKETS
1

在击败湖人队的两天之后，火箭队输给了拥有那一年总冠军的波士顿凯尔特人队，当常规赛季结束，季后赛开始的时候，火箭队55胜27负，仍然是西南赛区的第三名。这一年的西部简直是疯了一样，丹佛掘金队取得了50个胜场，才挤进季后赛的大门，而48胜的金州勇士队就被迫进入乐透抽签。

所以，55胜的火箭队在第一轮将要面对的就是54胜的犹他爵士队——前一年把他们扼杀在季后赛首轮的老对手。

梦碎犹他

事实证明，上个赛季没能解决的问题，留到这个赛季也依然没能解决。火箭队换了教练，换了战术，更换了大部分角色球员，但他们这一次没有姚明，面对犹他爵士队的挑战就显得更加艰难。麦迪仿佛再一次回到了奥兰多时期的自己，他在场边拥抱着穿着西装观战的姚明，他拼尽全力，一个人扛着球队。在整个系列赛6场比赛里，他有4场得分是全场最高，场均抢到8.2个篮板是全队第二高，送出6.8个助攻是全队最高，1.5次抢断是整个系列赛最高。

但德隆·威廉姆斯打爆了阿尔斯通，布泽尔在对位上丝毫不给斯科拉机会，至于41岁的穆托姆博，面对奥库也显得过于老迈、过于缓慢。

只有麦迪。

在那个时候，麦迪的左边膝盖已经伤得非常厉害了，在每一场比赛之前，他需要打一针封闭针，才能坚持比赛。在每一场比赛之后，他都需要用20厘米长的针头从膝盖里抽取积水。“我有一天回家，坐在沙发上，想要把腿伸出来搭在前面的榻上。”麦迪后来说，“但我的腿怎么都伸不出来，我知道，我的问题大了。”

但在第六战里，麦迪几乎做了所有他能做的事情，他26投13中得到40分，他抢到10个篮板，还有5次助攻和1次封盖，同时他只有1次失误。这是自从1998年总决赛的迈克尔·乔丹以来，第一次有人在季后赛里，在面对犹他爵士队时可以取得40分。

Lay-ccc or
Space-ccc
McGrady?
ROCKETS
1

但除了勉强还在线的斯科拉之外，火箭队的其他球员都完全不在状态：肖恩·巴蒂尔7投2中，拉夫·阿尔斯通7投2中，鲍比·杰克逊12投2中，卡尔·兰德里2投0中。

火箭队的进攻完全哑火了，但在防守端，他们又拦不住爵士队的步伐。爵士队首发五人全部得分上双，其中德隆、奥库和布泽尔全部得分超过20分。比赛还剩3分3秒结束的时候，爵士队的领先优势已经扩大到了23分，没有必要再继续下去了，阿德尔曼将主力全都撤换了下来。麦迪坐在场边，舔着嘴唇，安静地盯着场上。

又一次首轮出局，又一次失望而归，为了这样的结果，他透支了自己的身体，值得吗？

他马上要29岁了，到了这个阶段，他已经习惯了失望的结局。这一次他不再流泪，在赛后的新闻发布会上，他也不像前一年那样情绪失落到哽咽，他的声音依然低沉："在这个赛季我们取得了22连胜，我们在第一轮与去年打进西部决赛的球队展开了搏斗，我为我们所完成的一切而感到骄傲。"

"特雷西是这个联盟最有天赋的球员之一，我们球队拥有足够的天赋。"巴蒂尔在赛后说，"是我们没能保持健康，是伤病问题阻挡了我们。"

以事后诸葛亮的角度来看，休斯敦火箭队的希望犹在，**但麦迪的窗口在这一刻，已经彻底关上了，他的最后一个巨星赛季结束了。**

赛季报销

2008年夏天，火箭队的好消息不断：首先是姚明恢复健康并且出战了北京奥运会，他看起来一切都好，不但完全没有受到旧伤困扰，而且还隐约有"破障晋升"之感。其二，火箭队从萨克拉门托国王队那里交易得到了罗恩·阿泰斯特，这是一个曾经入选过全明星的球员。考虑到斯科拉和兰德里都在成长，巴蒂尔也还在当打之年，许多人相信，只要麦迪和姚明都保持健康，那么休斯敦火箭队将在新赛季成为最危险的球队之一。

但经过这么多扛着球队孤独前行的岁月，麦迪的身体已经不堪重负。2008年5月，他接受了膝盖和肩部两处手术，他试图修好自己的身体，但他的左膝盖却依然在疼。“进入那个赛季，我的身体就开始尖叫。”麦迪后来回忆说，“我基本上是在用一只脚打球，我甚至不敢用我的左腿起跳，所以我完全依靠我的右腿在行动。”

他那曾经傲视群雄的运动能力几乎不存在了，他跟球队的关系也开始恶化，特别是阿泰斯特。他不能跑，也不能跳，在防守端几乎不再做出贡献，在2009年1月的一场极具争议的比赛中，麦迪几乎全场都在中线附近游荡，让火箭队其他球员面临难堪的四打五场面。

火箭队开始认真地考虑送走麦迪，他们开始跟其他球队谈判，他们试图用麦迪做筹码，去得到麦迪的前队友文斯·卡特。

但麦迪这时候做出了一个决定。也许他是出于报复，或者实际的医疗因素考量，或者两者兼有，他没有通知球队就进行了左膝微骨折手术。赛季因此报销，而任何潜在的交易，自然也都告吹了。

这个决定让麦迪与火箭队本来就有些微妙的关系彻底破裂了。尤其从火箭队的角度来看，麦迪的做法完全称不上职业，甚至失去了人与人之间基本的信任。火箭队的球员们是从媒体那里知道的手术消息，肖恩·巴蒂尔的评论不得不说有些讽刺：“如果新闻里说的是真的，那至少给了我们一个准信儿，我们不必再每天猜测谁会不会复出，我们知道自己下一场的阵容大概会是什么样子了。”

2020年，麦迪在《硝烟弥漫》里谈论起这次决定，他避而不谈当时球队可能交易他的情况，只提到2009年2月9日在密尔沃基的那场比赛。他说当时他得到了一次快攻机会，他持球直冲篮下，但身后就有防守球员猛追不舍，然后麦迪试图绕过篮下反身扣篮，但他根本跳不起来。

“我出了个大洋相。”麦迪说，“从那一刻起，我就决定，在解决好我身体的问题之前，我再也不会打球了。”

他在芝加哥接受了微骨折手术，然后一边复健，一边关注着火箭队的比赛情况。他看见姚明健康地打完整个常规赛，他看见火箭队在季后赛第一轮击败了波特兰开拓者队，他看见姚明受伤，而剩下的球员们把不可一世的洛杉矶湖人队逼到了第七场。

“那么多年，我用了那么多年才等到这么优秀的一支球队，当我们终于进入季后赛第二轮的时候，我却不能贡献自己的力量。”麦迪说，“看着那支球队，没有我，没有姚明，跟湖人队拼到抢七大战，你知道我有多么难受吗？”

火箭解体

2009—2010赛季一开始，麦迪发现自己在球队里几乎没有位置了，他反复强调自己已经完全恢复了，他可以上场，完全没有问题，但火箭队并不愿意贸然使用他。“我们的观点出现了分歧。”阿德尔曼解释道，“他想打，但他还没有准备好，就是这么简单。”

他的赛季首战将在2009年12月15日上演，对手是丹佛掘金队，火箭队最终赢得了比赛的胜利，但麦迪只上场了3分钟。接下来，他平均每场只出场7至8分钟。

“我是个球员。”麦迪告诉《休斯敦纪事报》，“教练让我做什么，我就做什么，既然球队的计划是让我每场打这些时间，我也不会去争辩或者争吵什么，但我的感觉是，我已经完全准备好去承担更大的作用了。”

遗憾的是，对这时候的休斯敦火箭队而言，麦迪最大的作用已经不在场上，而是充当交易筹码。麦迪的合同即将在这个赛季结束后到期，他的年薪是全联盟最高的2300万美元，这也就意味着，任何一支交易到他的球队，在赛季结束后，随着合同到期，球队就能释放出巨额薪金空间。要知道，2010年的休赛期是詹姆斯、韦德和波什一头扎进自由市场的时间，联盟里很多球队争着抢着甩卖自己现有的球员，去换取赛季末充足的薪金空间，以求得超级球星们的垂怜。

这就像是2000年夏天的升级版，只不过当时麦迪是球队们争相讨好的对象，现在却变成了清除薪金空间的工具人。

2010年2月18日，休斯敦火箭队、纽约尼克斯队和萨克拉门托国王队完成三方交易，火箭队得到凯文·马丁和希尔顿·阿姆斯特朗，而特雷西·麦克格雷迪将降临纽约。2009—2010赛季，他只在休斯敦打了6场比赛，场均上场7.7分钟，得到3.2分和0.8个篮板。

再见，休斯敦，这里已不再是麦迪的家。

HEAT

PART6

漂泊四方
巨星谢幕

第1章

两年三城

Basketball

DETROIT
1

来到纽约城的第三天，麦迪站在了麦迪逊广场花园的球场地板上。在两个月前，他就已经可以上场征战，但火箭队不愿意再浪费时间为他调整阵容，他按惯例上场的那7分钟，仿佛只是单纯的商品展示，为了潜在的买家能够全方位看清他的状态。尼克斯队接下麦迪的合同当然只是为了方便在夏天清空他们的薪金空间，但与火箭队不同，尼克斯队是真的计划让他上场。

纽约纽约

纽约尼克斯队当时正在季后赛的边缘徘徊，他们希望能够挤进东部前八名的位置，搭上季后赛的末班车，而麦迪逊广场花园的观众们已经太久没见到能让观众席兴奋起来的主队球星了，他们需要麦迪和他带来的火力与灵气，哪怕只是短暂的几个月。

麦迪作为尼克斯队球员的第一次亮相是在2月21日，对手是年轻无畏的俄克拉荷马城雷霆队，凯文·杜兰特、拉塞尔·威斯布鲁克，还有詹姆斯·哈登，“雷霆三少”的阵容已经配齐，他们蓄势待发，等待声震人间。

麦迪首发登场，打出了一场精彩的比赛。他在上半场就12投7中拿到19分，让全场19763名观众站起来为他喝彩。他全场比赛17投10中，得到 26分，抢到了4个篮板，送出5次助攻。这是一份非常合格的首发球员数据，但他不再是那个拼尽一切只为创造奇迹的超级巨星。

他缺席了加时赛的前4分钟，“我的腿已经没有力气了。”他在赛后解释说，“我上场只会伤害球队，那不是我应该做的事情。我不想在我正式回归的第一场比赛里扮演英雄。”但当加时赛还剩32.6秒，尼克斯队只落后一分的时候，麦迪还是在一片“我们要特雷西”的呐喊中登上赛场。

他助攻埃迪·豪斯命中两分球，尼克斯队以118：117反超。

麦迪下场，杜兰特命中中距离跳投。

他再次登场，钱德勒错失近距离投篮，杜兰特两罚命中，雷霆队将分差扩大到三分。麦迪在场边发球，埃迪·豪斯匆忙地投出了一记三分球，球没有进，豪斯抢到进攻篮板，达尼罗·加里纳利的三分球也错失篮筐。

比赛结束，尼克斯队以118：121落败。

“我很久没有这种感觉了，我不得不说，感觉还不赖。”麦迪在赛后接受了媒体采访，“踏上球场的感觉有些陌生，一开始我真的有些紧张。”他当然也提到了球迷们的呼声，他说那让他感到浑身战栗，他说他十分感谢纽约球迷的爱。

但是他们叫他特雷西，很多年以后麦迪会指出这一点，“自从我职业生涯开始以来，球迷们都一直叫我T-MAC，但那个时候，我从T-MAC变成了特雷西。”

他身上的巨星光芒逐渐暗淡，他已经走下神坛。他没能帮助尼克斯队获得那年的季后赛名额，由于伤病原因，麦迪不能出战背靠背比赛，所以他最后只代表尼克斯队首发出场了24场比赛，场均得到9分。当2010年自由市场时间到来，他一度表达过希望留在纽约的意愿，但尼克斯队并没有接茬。公牛队对他进行了试训，公牛队篮球事务副总裁约翰·帕克森说麦迪在芝加哥进行了一次“非常好的训练”，但最终他们认为，麦迪并不符合公牛队的发展策略。

8月10日，麦迪终于与活塞队签下1年150万美元的合同，他的职业生涯下一站，将落在“汽车之城”底特律。

汽车之城

2010—2011赛季的麦迪，身体又恢复了一点儿，他又可以飞起来扣篮，或者带球轻松杀到篮下并得分。但他现在已经31岁，是一名不折不扣的老将了，他在底特律活塞队里最常扮演的角色，是一名可靠的球场指挥官。

他的视野和传球，以及在阿德尔曼手下磨炼出来的无球跑动能力，让他能够在球场上得心应手地分配球。他现在的持球时间已经很少，活塞队没有为他专门设计的战术，他的责任就是在正确的时间把球传到正确的人手里。

“他以前是超级巨星，现在却必须压缩他的自我意识。”活塞队主帅约翰·库尔斯特说，“他并不在意自己是否得分，只是想让所有人都参与到进攻中来。”

而麦迪想起了自己年轻时在猛龙队的经历，他说自己一直是一个全面型的选手，只是在职业生涯的进展中，因为种种特殊的情况，他才逼迫自己成为一个得分手。“我现在不知道自己还能不能像以前那样得分了。”他说，“但至少我还能策动进攻，这一点，大概是与生俱来的。”

在赛季的前31场比赛里，麦迪只有4次得分上双，事实上，他也很少再出手投球了。他会抢篮板、抢断、助攻，做一些很小但是能帮助到球队的事情。这样的态度，加上底特律活塞队的战绩已经差到不可能闯进季后赛的事实，让库尔斯特决定把麦迪安插进首发阵容。

2011年1月14日，对阵旧主猛龙队，麦迪得到赛季最高的22分。1月28日，对阵热火队，麦迪摘下14分和10个助攻。接下来对阵篮网队，他的出手次数达到赛季最高点，他出手20次，得到16分、8个篮板和4次助攻。紧接着，在背靠背的第二场比赛里，他面对雄鹿队拿下20分，这是他连续第七场得分超过12分。

库尔斯特对麦迪的表现只有赞美，他说当球员们变得有些急躁的时候，麦迪会很熟练地让大家冷静下来，他会掌控局势的发展，“总是一眼就能看出在哪里能找到进攻机会。”这评价对麦迪从前的球迷们来说或许显得陌生，但那个曾经天真的麦迪，曾经被批评为“软”和在更衣室里无法担当领袖的麦迪，终于在这支底特律球队里成了能指引年轻人前进的老将。

“麦迪在这里的表现超出了我们的预期。”活塞队总裁乔·杜马斯对美联社的记者说，“他是个非常职业的球员，从各种意义上来说都是如此。”

杜马斯非常希望麦迪能继续留在底特律。这一个赛季，麦迪为活塞队出战了72场，其中39场是首发出场。他场均得到8分、3.5个篮板和3.5次助攻，对一个年薪150万美元的老将来说，完全对得起他的工资。

但麦迪还是希望再去季后赛试一次。

亚特兰大

2011年12月，连续被尼克斯队和湖人队拒绝的麦迪终于与老鹰队签署了老将底薪合同。在前一个赛季，老鹰队在东部半决赛里输给公牛队，他们看中了麦迪在活塞队表现出来的稳定性，而麦迪则希望能够跟着这支球队突破他在季后赛中的迷障。

一开始，他们的表现好极了，在赛季的前22场比赛里，麦迪出战了18场，场均上场19.4分钟，得到7.2分，命中率达到48%。他是替补阵容中稳定军心的大将，他在场上指挥进攻，帮助球队在轮转时间里继续保持攻防两端的比赛质量。

在这一个月的时间里，老鹰队在麦迪上场的比赛里取得了13胜5负，这是他们的蜜月期。

其中最值得纪念的一场比赛发生在1月2日，面对不可一世的迈阿密热火队，麦迪在第四节得到了13分。他扔出一个美妙的空中接力，助攻约什·史密斯完成扣篮。他在比赛的最后连续投中三分球，拉开比赛的差距。可以说，麦迪是老鹰队在南沙滩获取大胜的一个重要原因。

但在蜜月期之后，事情开始变得丑陋，麦迪的发挥变得时好时坏，他的上场时间也迅速缩减。2月18日，在波特兰客场挑战开拓者队的比赛中，麦迪一共只出场了4分39秒，而老鹰队以77：97输掉了那场比赛。麦迪在赛后大发雷霆，他抱怨自己的出场时间不足，说自己对此感到无能为力。“如果你感觉我帮不上忙，你可以直说。”他在赛后发泄着对主帅拉里·德鲁的不满，“但他什么都不告诉我，我只是想球队获得胜利，我知道我能帮上忙，但见鬼的，你只给我四分钟？”

然而，他不再是那个超级巨星了，没有人会在意一个一年合约的底薪球员的抱怨，当常规赛季结束的时候，麦迪的场均得分是职业生涯最低的5.3分。当然，老鹰队会以40胜26负的成绩进入这个缩水赛季的季后赛，而面对年华老去的波士顿凯尔特人队，麦迪会在第三战得到他的机会，他会上场40分钟，试图帮助乔·约翰逊、约什·史密斯和艾尔·霍福德取得至关重要的胜利。

但季后赛的迷障依然笼罩着他的前路，他14投5中仅得到12分，并且不慎扭伤了自己的脚踝，在系列赛接下来的时间里都只能成为无关紧要的小角色。

“在NBA的最后时光，我过得并不开心。”麦迪说，“我感觉自己被骗了，我没有办法展示自己的能力。”他决定，这就是最后一次，他不再需要向任何人证明自己，也不想要季后赛的突破机会了。

他已经做好准备向 NBA 说再见。

第 2 章

试水 CBA

ups
CBA
EAGLES
青岛

无人料到，麦迪的下一个目的地会是中国。

CBA的青岛双星篮球俱乐部能邀请到麦迪完全是一场意外。当时总经理生锡顺没什么经验，在NBA夏季联赛期间去寻找外援，却发现几乎所有想找工作的未签约球员都在夏季联赛上拼搏，争取登上某支NBA球队的名单。等他回到国内，本来就在CBA打球的那些外援们也已经纷纷找好了下家，而青岛队就陷入了无人可用的窘境。

怀抱着试一试的心态，生锡顺联系了麦迪，这种大牌球星的经纪人的联系方式是公开的，只要稍有业内关系就能拿到。他本来没抱太大希望，但与麦迪方面的沟通意外顺畅，仅仅两周之后，双方就正式签署了合约。

巨星降临

从麦迪的角度来说，能在这个时候来到中国，对他也有巨大的意义。

他一直是最受中国球迷欢迎的NBA球员，这种人气得益于因与姚明同队而带来的关注度，以及火箭队传奇22连胜留给人的深刻印象，当然还有他健康时无与伦比的进攻能力。所以到了2012年，他依然是中国球迷之间人气最高的超级球星。

为什么要来中国打球？2012年的麦迪会说因为他在中国有很多球迷，希望这里的球迷都能到现场看他打球。2020年，麦迪在《硝烟弥漫》里吐露心声，**他承认在职业生涯末期辗转几支球队的经历对他来说是种折磨，他迫切地希望得到一个重新找回爱与关注的机会，“我想要再次体验欢庆的感觉”，而中国就是最好的选择。**

“从万人高呼MVP，到走在街头都无人问津，这种巨大的落差是很难想象的。”麦迪承认，他用了很长时间去接受自己不再是T-MAC的事实。所以，抓住这个机会，接受来自青岛的邀请，麦迪既可以给一直支持着他的球迷奉上“巡回演出”，也能给自己一次疗愈之旅。

他的直觉没有错：2012年10月24日，麦迪抵达青岛流亭国际机场，两千多名球迷前去接机。10月25日，麦迪在青岛的首次训练课，吸引了接近50名媒体记者到现场拍摄、采访，媒体记者几乎沿着场边堆成人墙。12月21日，青岛男篮远赴客场挑战山西男篮，但是因为身体原因，麦迪只打了三分多钟，以至于现场球迷不满地高呼“换麦迪”。在那个赛季的CBA全明星投票里，麦迪更是以221.8万票的成绩成为当之无愧的“票王”，比第二名的易建联高出了65万票。

“我在那里打了四个月，让所有的CBA球队卖光了他们的球票。”麦迪骄傲地宣称。这话有一半是真的，因为青岛队那个赛季的平均上座率为41%，青岛队甚至为了他将主场从容纳4000人的青大体育馆搬到了能容纳12500人的“钻石馆”国信体育馆，赛季16个主场比赛吸引了总计7万人次到场观战，对比此前赛季，已经是巨大的票房成功。

然而，客场才是真正显示麦迪票房号召力的地方。那个赛季的青岛队被称为“麦迪巡回演出队”，他参加的每一场客场比赛，都是一票难求。青岛队客场对阵吉林队，顶着风雪，将近3000张球票一上午就售罄，有球迷一开口就要买50张；对阵佛山队的比赛，球票提前三四天就已售完，能容纳9000人的岭南明珠体育馆，被挤得满满当当；在新疆客场，俱乐部只往市面上投放了不到2000张票，但那场比赛的票房收入居然突破了百万，每场票的价格在500元以上。

那些爱和关注都聚焦在麦迪身上。

12连败

不过，与市场上的巨大成功相比，麦迪在CBA球场上的成绩就几乎称得上难堪了。

2012年11月25日，麦迪在青岛男篮客场挑战福建男篮的比赛中，迎来了自己的CBA首秀。比赛中麦迪在进攻端展现了不错的个人技术，全场砍下34分、8个篮板以及9次助攻，招牌式的干拔跳投也是屡屡得分，但在最后时刻，麦迪因为失误被抢断，随后福建队盖恩斯命中压哨三分球，青岛队以92：95落败。

但这只是噩梦的开始。

到了职业生涯的这个阶段，麦迪已经彻底转型为组织者。他依然拥有世界顶尖水平的视野，他依然有着绝佳的传球能力，他能够像一个老练的医生一样，一眼看出场上的“症状”，但他离联盟得分王的自己已经很遥远了，他再也不是那个无所不能的终结者，相反地，他需要一个能当终结者的队友，但CBA对外援的基本要求就是能得分，在任何情况下得分，随时随地准备好刷新得分纪录。

期待与现实之间的巨大差距，导致了必然的失望。雪上加霜的是，青岛队原本的阵容里就没几个得分能手，他们主要打的是“快打旋风”，但这时候的麦迪只要一控球，全队都要跟着他降慢速度，这反而让青岛队原本的快攻风格失去了特色。

“明眼人都看得出，麦迪根本就不适合青岛队。”有不肯透露姓名的“圈内人”这样评价道。

从第一场比赛开始，青岛队遭遇了开局12连败，直到同年12月26日对阵江苏队，麦迪才率领青岛队迎来了赛季首胜。最终，在CBA短暂试水的这个赛季，麦迪场均得到25分、7.2个篮板和5.1次助攻，但在他参加的29场比赛里，青岛队战绩仅为7胜22负，稳居联盟倒数第一。

赛季结束之后，麦迪被球迷们高票投进了CBA全明星赛，但他因为需要回国照顾生病的外婆而缺席了这次盛会。

余音绕梁

麦迪带着遗憾离开了中国。许多球迷会将他的这个赛季评价为“失望”，但对麦迪本人而言，他最初想要重新感受爱与关注的目标已经达成。而对于青岛队，麦迪虽然离去，但他的影响力却犹如余音绕梁，久久不散。

青岛男篮加入CBA的时间很晚，2008年加入，到2012年才是第五个年头。在麦迪到来之前，他们从未进入过季后赛，好不容易在2011—2012赛季打到50%胜率，国内招牌球员李根又被北京队挖走。加上球队引援工作迟迟没有进展，青岛队元气大伤，在麦迪加盟之前，他们就已经是一支没有什么可以失去的球队了。在球迷和媒体的讨论中，他们甚至是被遗忘的角色。

在引入麦迪之后，已经久未在全国转播中露面的青岛队，一跃成为各大转播平台排期表上的宠儿，票房大卖。因地利之便，还有韩国、日本球迷前来青岛观战。俱乐部搬迁到更新、更大的主场，国信体育馆给球队减免了那个赛季的场租，这也为后来青岛国信收购俱乐部九成股份奠定了基础。许多体育投资商和品牌纷纷入驻青岛，球队乃至城市品牌都得到了整体提升。甚至于，麦迪在队期间指定采购的医疗器械和他的训练方法都给球队留下余泽。

第3章

谢幕时分

回到美国，麦迪几乎下定决心要退役了。他待在休斯敦，偶尔跟小球员们一起打球，过着半退役的生活。直到有一天，他从教堂出来，发现自己的手机上有个未接来电，呼叫人名字是：波波。

格雷格·波波维奇，马刺队的传奇主帅，四个总冠军的缔造者。

波波维奇告诉麦迪，他们队中出现了伤病的球员，现在缺人，他问麦迪，愿不愿意加入圣安东尼奥马刺队，去征战2012—2013赛季季后赛。

麦迪的答案当然是肯定的。

几乎夺冠

马刺队是西部二号种子，无论他们是否拥有麦迪，这支球队都是夺冠热门之一。事实上，在得知麦迪加盟马刺队的后，美国媒体开始大肆宣扬“麦迪终于将打破他的季后赛首轮迷障”，甚至有球迷留言说，如果马刺队爆冷输在首轮，那么圣安东尼奥球迷就该看看麦迪的命数了。

但马刺队不会让这种事情发生，第一轮面对没有科比的湖人队，他们很快取得了3∶0的领先，并在第四场比赛中早早建立优势。当第四战还剩下5分15秒的时候，马刺队已经以97∶78领先19分之多。麦迪上场替换蒂姆·邓肯，他没有得分，但送出了1次助攻。

当时间开始倒数，麦迪在场上拍着篮球，一下又一下。湖人队的安德鲁·古德洛克走上前来，把他拉进了一个拥抱。这是麦迪职业生涯中第一次突破季后赛首轮，但麦迪并未因此感到多么高兴。

“我基本上只在垃圾时间上场，在那些无关紧要的时刻。”麦迪后来在《硝烟弥漫》上回忆起那段经历，“最后那个系列赛，马努的状态不好，而托尼·帕克被勒布朗严防死守，波波维奇的目光巡视着板凳席，他试图在队中再找到一个进攻组织者，我一直努力地用眼神暗示他‘我可以’，但他的目光始终没有放在我身上。”

“为什么不直接对他说？”史蒂芬·杰克逊问。

“我不能说，兄弟。”麦迪苦笑着对杰克逊解释，“我什么都不能抱怨，因为我只是特雷西，我再也不是T-MAC了。”

马刺队最终打到总决赛，他们几乎夺得冠军。在第六战中，他们一度以为自己已经锁定胜局，圣安东尼奥的主场甚至拉开礼炮准备庆祝，马刺队以95∶92领先，比赛还剩7.9秒，詹姆斯投丢了试图追平的三分球，只需要再抢到这个篮板，马刺队就能夺得NBA总冠军。

很多年以后，麦迪会说即使他们夺得了总冠军，他也不愿意要那枚冠军戒指，他也不想去夺冠游行。“因为我是个竞争者，重要的是赢得比赛的过程，而不是冠军本身。”麦迪说，“我希望能做出贡献，而不是坐享其成。”

但麦迪连拒绝戒指的机会都没有，因为热火队的波什抢到了那个进攻篮板，然后雷·阿伦投进一记救命的三分球扳平了比赛。热火队最终在加时赛中赢下了第六场，然后他们回到主场取得了最终的胜利。

麦迪没有随队回到圣安东尼奥，他直接返回了休斯敦。两天之后他飞到青岛打包他剩下的行李。**两个月之后，特雷西·麦克格雷迪正式宣布退役，结束了他长达16年的篮球职业生涯。**

棒球梦圆

2014年，麦迪开启了他的职业棒球生涯。他与大西洋职业棒球联盟的糖城蚊子队签下合约，担当球队的替补投手。他在铁笼子里训练了几个月，快速直球的速度稳定在82英里/小时上下（MLB美国职棒大联盟的投手快速球时速为90英里左右），他还练习了一些指叉球和变速球的小技巧。2014年5月10日，麦迪第一次代表糖城蚊子队出战，正式在职业棒球联赛里出道。

糖城蚊子队当时隶属的大西洋职业棒球联盟是独立联盟，2020年11月，这支球队被MLB的休斯敦太空人队收购，转为其旗下的3A（美国职棒小联盟球队按照等级由高到低为：3A、2A、1A）小联盟球队。麦迪当时的棒球水平，可以对比同样打过棒球的乔丹，当乔丹第一次从NBA退役去打棒球的时候，他加入的是芝加哥白袜队的附属小联盟球队，最高达到了2A水平，在小联盟的水平序列里低于3A等级。

麦迪说，能够在职业棒球联盟打球，这是他的“毕生梦想”：“我这样做是因为对比赛的热爱。我已经赚够钱了。大西洋联盟不像大联盟那样薪水丰厚。因此，这仅仅是一个人在尝试实现他童年的梦想。我不会耍花招，我打过棒球，我了解这项运动。我只是在追寻我一直想要实现的东西。”

“至于最终我会表现得如何——谁又知道呢？”

他代表蚊子队出战了4场比赛，总共投了6又2/3局，被打出4记安打，送出5次失分，自责分率达到6.75。7月18日，麦迪在大西洋联盟全明星赛中出战，并且送出了职业生涯中的第一次三振。在这场比赛之后，他心满意足地宣布了退役。

“走下投手丘的时候我突然有一点点伤感。”麦迪在赛后承认，“能够再被人簇拥着欢庆，这是一种美妙的感觉。”

他依然渴望着爱与关注。

名人堂留名

他加入了*ESPN*的篮球评论团队，他加入奥兰多魔术队的管理层，2017年，麦迪正式进入奈史密斯篮球名人堂。

“来到NBA，球员的终极目标当然是夺冠，希望以冠军成员身份被人记住。”在名人堂仪式前夜，麦迪接受*ESPN*采访的时候说，“有些人幸运，抓住了夺冠的机会，但在我结束职业生涯之后，回头看看，我已经来到了另一个殿堂，穿上了名人堂的橙色夹克。”

他曾经觉得自己不配站在这里，至少他在名人堂的演讲里是这么说的。当他第一次得知自己进入候选人名单的时候，他的妻子曾鼓励他对着镜子说出“我配得上这个荣誉”，但他始终都开不了口。纵观他的职业生涯，可以指摘的地方很多，他从未带领球队赢过一个季后赛系列赛，他与每支球队的关系到最后都变得很僵，许多人公开表示恨他，哪怕是那些最爱他的人（包括杰夫·范甘迪）也曾

批评过他缺乏领袖担当。

但他是一个得分天才，是历史上最具天赋的得分手之一。他曾经用他天马行空的技巧和无与伦比的天赋，为我们编织了一些此前从未想象过的球场幻梦。

凯文·杜兰特称："当谈到得分的时候，没有人比得上麦迪。恭喜麦迪成为名人堂的一员，向你致敬。"

德维恩·韦德称："麦迪是我们那个时代打球打得最好的球员之一，很荣幸能够在场上和你一起打比赛，恭喜T-MAC进入名人堂。"

迈克·米勒称："毫无疑问，这个家伙是一名真正的传奇球员，我很荣幸曾经和他一起打过球。”

正如他们所言。**特雷西·麦克格雷迪，曾经七次进入NBA最佳阵容，七次入选全明星，获得过两次联盟得分王的称号和一次NBA最佳进步球员奖。他职业生涯场均得到19.6分、5.6个篮板和4.4次助攻。他是一个伟大的篮球运动员。**

在演讲的结尾，麦迪终于向世界宣布：“现在的我已经确认，我配得上这个荣誉，因为此刻，我就是名人堂的成员。”

ROCKETS
1

后记

没有“如果”

文斯·卡特不相信“如果”。

谈起他和麦迪在多伦多的那段时光，卡特说那当然很令人激动。那时候他们刚进联盟，天赋高，成绩好，两个人住在同一栋大厦里，几乎是形影不离。后来，在经历了无数挫折和失败之后，麦迪总是会回过头来看这段年少天真的岁月，他提过无数次，“如果我没有离开多伦多，如果我继续跟文斯·卡特一起打球，后来的我们会怎么样呢？”

但文斯·卡特从来不是他们之间幼稚的那一个，他也不会如此天真地陷入回忆，陷入那些不可能有答案的历史选择里。“命运已经如此发生。”卡特冷静地说，“他拥有了一个精彩绝伦的职业生涯，成了名人堂球员。如果我们还在一起打球，谁就能保证他一定能取得更高的成就呢？”

当我们跟他一样冷静，小心地绕开麦迪编织的那些由“如果”构成的幻梦，我们会发现，卡特确实是对的。

麦迪当然拥有绝佳的天赋。杰夫·范甘迪会说，麦迪是上帝亲手塑造的恩物，他有着完美的身体条件和一个不错的大脑。有一次，范甘迪与畅销书作家马尔科姆·格拉德威尔一起上节目，格拉德威尔在他的著作《异类》里提出了那个著名的“一万小时定律”——要成为某个领域的专家，你需要一万个小时的刻苦磨炼。

范甘迪说：“特雷西·麦克格雷迪只需要一千个小时。”

他就是这么天赋卓绝，以至于所有事情在他看来都非常容易，范甘迪说，所以在他担当麦迪教练的时间里，他曾经殚精竭虑地想让麦迪刻苦一点、更刻苦一点。但麦迪总是天真地眨着眼睛，望向他，仿佛在无声地询问：“如果我付出这样的努力就能够场均得到30分，那么为什么我还需要燃烧自己的生命？”

麦迪从未拥有能与自己的天赋相匹配的巨星骄傲，他不是那样性格的人，他从来不是一个领袖，哪怕他在大学时期专门选修了“领导力”这门课。但他不会以身作则拼到200%，让队友跟他一起突破万难，也不会强硬地在更衣室里要求所有人都小心别犯错。在他感觉非常难受的时候，他的选择总是逃避，一言不发地逃跑。在多伦多，他背着卡特签下与魔术队的合约；在奥兰多，他想要被交易却从未开口，等真的被交易的时候，却又说其实他一直在等待被挽留；在休斯敦，他擅自做了让赛季报销的手术，毁掉了最后一点与火箭队重归于好的可能性。

他最喜欢的教练是范甘迪，因为范甘迪会把他安排得明明白白。他忠诚于阿迪达斯，因为从他16岁开始，阿迪达斯就一直在指引他做出一个又一个决定。他不是那种特别“自我”的球员，他不需要那么多自由发挥的空间，这对职业体育中的超级球星来说非常罕见，但他确实就是这样的。

当我们在谈论伟大的球员时，我们总默认他们应该拥有伟大的球技和不畏万难的决心，如同电影里的超级英雄。比如麦迪的好朋友科比，就是一个最恰当的例子。但是，有没有一种可能，一个伟大的球员也可以是个普通人，他会害怕承担责任，讨厌辛苦，偶尔也可能编造一些小小的谎言，让自己的理由听起来更正当。

麦迪在个性上完全是科比的反面，而他之所以成为超级球星，成为一个伟大的球员，只是因为他确实非常擅长打篮球。

所以，这么多年过去，有时候看着不断在讨论着“如果”的麦迪，你会情不自禁为他感到难过。因为我们都曾在他身上寻找不存在的东西，然后又因为他达不到我们的期待而对他百般责难。他进入联盟的时候还小，还不能很好地分辨自己的需求，也不太会表达自我，但就在那个时候，他已经在一直强调：“我是个斯科蒂·皮蓬类型的球员。”

是的，他本来只是想成为斯科蒂·皮蓬，他想要辅佐一个乔丹，成就丰功伟业。

但是，他从来没等到他的乔丹。

RAPTORS
1
Colgate
Colgate
Colgate
Colgate
Colgate
Colgate
Scotiabank

附录

BEST BUY
ROCKETS
5
TIMBERWOLVES
21
ROCKETS
1
23

十大巅峰时刻

TOP

10

1 “麦迪时刻”

2004 年 12 月 9 日，休斯敦火箭队在主场丰田中心迎战圣安东尼奥马刺队，在比赛还剩不到 36 秒的时候，火箭队还以 68：76 落后 8 分。在马刺队罚球全中的情况下，火箭队的最后拼搏看似已然无望，但麦迪在接下来的时间内上演了我们从未见过的个人表演：他连续投进了 4 个三分球，包括一次成功的“3+1”，在 35 秒之内独得 13 分，凭一己之力帮助火箭队以 81：80 翻盘获胜，书写篮球历史上最值得纪念的逆袭史诗。

2 疯狂 22 连胜

2008 年 3 月 16 日，已取得 21 连胜的休斯敦火箭队主场迎战当时西部排名第一的洛杉矶湖人队。科比在比赛的前 47 分钟一秒钟都没休息过，誓要终止火箭队的疯狂连胜。但麦迪在第四节的关键表现将科比比了下去，同样是对方防守的重点对象，麦迪 6 投 3 中拿到 8 分，但科比 10 投只有 2 中。最终火箭队以 104 ∶ 92 大胜湖人队，将连胜场次扩大到 22 场。

3 62分神佛无阻

2004年以前，NBA历史上只有16名选手能够在单场比赛中得到60分以上。2004年3月10日，麦迪成为第17个。面对华盛顿奇才队，麦迪有些慢热，他第一节才得7分。但从第二节开始，麦迪就开启了神挡杀神、佛挡杀佛的无敌模式，他在第二节砍下21分，在第三节豪取24分，在第四节再追加10分，以全场62分的最终成绩跻身“60分俱乐部”。

4 骑扣布拉德利

2005年4月25日，火箭队在季后赛首轮第二场对阵达拉斯独行侠队。在首节比赛还剩5分4秒的时候，麦迪在左侧底角接到鲍勃·苏拉的分球，走底线突破摆脱诺维斯基，面对身高2.29米的“大竹竿”布拉德利，他直接来了一记荡气回肠的骑扣，技惊四座。全场比赛麦迪得到28分、8个篮板、10次助攻的准三双，更在比赛还剩2.2秒时命中绝杀跳投，帮助火箭取得系列赛2：0的领先。

5 闪耀圣诞大战

2003 年 12 月 25 日，NBA 把圣诞大战安排给了当时最具观赏性的超级巨星麦迪和刚进联盟的“天选之子”詹姆斯，而他们两人的表演没有让观众失望。詹姆斯砍下 34 分，但麦迪更胜一筹，他交出一份 41 分、8 个篮板和 11 次助攻的漂亮答卷，带领魔术队以 113：101 击败詹姆斯率领的骑士队。值得一提的是，麦迪在加时赛中得到全队 16 分中的 12 分，而詹姆斯却在这关键时刻一无所获。

6 36 分闪耀休斯敦全明星赛

麦迪职业生涯一共进过 7 次全明星正赛，表现最好的一次是在休斯敦举办的 2006 年全明星周末。在主场球迷面前，他在正赛里夺走了所有人的光彩：轻松攻下 36 分，并且在比赛的最后时刻有机会追平比分。尽管最终西部全明星队以 120：122 输掉了比赛，麦迪也与 MVP 奖杯擦肩而过，但那晚的麦迪让所有休斯敦球迷难以忘怀。

7 46 分大号三双

2003 年，新泽西篮网队正走在连续两年称霸东部的大道上，但在 2003 年 2 月 23 日这个晚上，他们却没有能够应对麦迪的办法。篮网队的贾森 · 基德打出了 26 分、11 个篮板和 15 次助攻的三双表现，但麦迪带来的是 46 分、10 个篮板和 13 次助攻的大号三双。在第三节比赛快要结束的时候，麦迪用一个上篮帮助魔术队取得了一分的领先，然后在第四节开头，他的得分和助攻给魔术队贡献了一波 17 ： 0 的小高潮，帮助球队最终获胜。

8 三节轻取 52 分

2003 年 2 月 21 日，在“队中唯一的好友”米勒被交易出去之后的首场比赛，麦迪面对芝加哥公牛队，32 投 15 中，命中了 6 个三分球，只用了三节比赛就砍下 52 分，可以说是残忍地“屠杀”了这支芝加哥公牛队。当他在第三节末尾被替换下场的时候，全场 17156 名观众伴随着鼓点齐声呐喊：“M-V-P！ M-V-P！”

9 只手拔活塞

2003 年 4 月 21 日，季后赛第一轮第一场，面对全联盟防守最好的底特律活塞队，麦迪如入无人之境，在两人甚至三人包夹之间仍能予取予求，全场 28 投 15 中，罚球 12 投 10 中，一个人摘下 43 分，帮助魔术队以 99 ： 94 赢得了最终的胜利。其中，他在第四节中段连得 10 分，让其余在场诸人均沦为观众，也成功遏制了活塞队的追分势头，为魔术队最终获胜敲下定音锤。

10 2000 年扣篮大赛

2000 年全明星周末的焦点并非全明星正赛，而是扣篮大赛。“半人半神”卡特的精彩表演当然书写了永不褪色的飞人传奇，但同样穿着紫黑色猛龙球衣的麦迪也第一次在全球观众面前展现了他的实力。他的自传自接 360 度大转体后俯身弹跳暴扣，滞空时间之长，动作之流畅舒展，征服了全场评委的心，他凭借这一扣得到了满分 50 分，也第一次走进广大中国观众的视野。

十大队友

TOP 10

1 姚明

麦迪在 2004 年加盟休斯敦火箭队之后，遇到了他职业生涯中最重要的内线搭档姚明。初见时，他们为彼此的天赋而惊叹，姚明惊异于麦迪翱翔于空的得分方式，麦迪感叹着姚明巨大的身躯蕴藏细腻的技术。他们一度成为很好的朋友，最后却沦为彼此忍耐的“同事”。他们的球风似乎从未完全融合，“姚麦双核”在火箭队运行得最好时反而是阿德尔曼让他们放弃连线、各行其是之时。但到最后，回顾麦迪的职业生涯，他最重要的队友依然还是姚明。

2 卡特

人生若只如初见。麦迪与卡特相识于儿时，却在许多年后才知道彼此是亲戚。麦迪在卡特进入猛龙队的过程中或许曾起到“说客”的作用，而卡特的到来也让新秀赛季焦虑不安的麦迪备感安慰，他们在 2000 年扣篮大赛上分别奉献了精彩绝伦的表演，但麦迪在那个赛季结束后却不打招呼离开了卡特和多伦多。家族的关系最终让他们和解并重新成为亲密朋友，但麦迪始终会想，如果那一年他最终选择留下，他们的人生是否会流转至不同的方向。

3 米勒

他们的交集之初是2000年的奥兰多，当时麦迪是刚从猛龙队“跳槽”到魔术队、被迫挑起球队大梁的当家球星，而米勒是初来乍到的联盟新秀。在格兰特·希尔伤了又伤的迷茫岁月里，米勒成了麦迪在队里最好的朋友，他们在生活中是邻居，在球场上也是最好的搭档。讽刺的是，米勒职业生涯的高光时刻或许在2013年总决赛第六场：他掉了一只鞋却命中关键三分，帮助悬崖边上的热火队逆转击败马刺队，而彼时在马刺队板凳席上闲坐着的，正是生涯末年的麦迪。

4 穆托姆博

麦迪没有在穆托姆博最好的时光遇上他，但不惑之年的“穆大叔”也不算差。麦迪和穆托姆博都是在2004年加盟休斯敦火箭队，当时穆托姆博已经38岁半，但他直到即将年满43周岁才宣布退役。两人共同的记忆里，最光辉的一幕当数在姚明倒下之后，41岁的“穆大叔”毅然补上了球队内线的空白，帮助麦迪和火箭队实现了22连胜。

5 海耶斯

海耶斯比麦迪小 4 岁，从未在 NBA 选秀中被叫到名字，他在 2006 年才被火箭队签下以填充板凳席深度。但他很快成长为一个能安定军心的角色，在火箭队光辉荣耀的 22 连胜里，海耶斯是那个不为人知的更衣室领袖，填补了因为麦迪性格问题而出现的权威空缺。

6 巴蒂尔

“超级聪明”，这是麦迪对巴蒂尔的评价，他认为巴蒂尔是自己生涯中遇见的最好的夺冠拼图型球员之一。为了更好地防守，巴蒂尔每场比赛之前要看四十多页的分析报告，研究对方当家球星的技术特点。这种刻苦和钻研的能力让麦迪佩服，却也昭示着他们之间巨大的不同。

7 阿尔斯通

麦迪还没进联盟的时候，有一次朋友把他拉到纽约的街球场边，让他一定要看看纽约最好的街球手，那就是“skip to my lou”拉夫·阿尔斯通。后来，他们在火箭队相逢，曾经的街球王已经成为正经的NBA控卫。一起经历的22连胜，是他们记忆中共同的精彩时光。

8 斯科拉

他们在2003年美洲男篮锦标赛上就曾狭路相逢，当时麦迪还在斯科拉头上扣了个篮，而麦迪与卡特带领的美国队轻松击败了斯科拉率领的阿根廷队。但他们在火箭队的交集却不多，麦迪记得最多的还是火箭队管理层挥舞着数据单期盼斯科拉进队的场面，而当斯科拉真正到来，他打得最好的那几年，麦迪几乎无法上场了。

9 希尔

麦迪决定加盟奥兰多魔术队的时候，他本以为自己是去辅佐希尔的，当时希尔已是全明星，正值壮年，场均得到25分、5个篮板、6次助攻，攻防两端都可圈可点。而当希尔第一次看见麦迪，他意识到这个孩子拥有着无与伦比的天赋。他们本可以组成魔术队梦想中的“无敌球队”，这梦想却因为希尔的频繁伤病而搁浅。从2000年到2004年，他们一共只在一起打了46场比赛。

10 尤因

廉颇老矣，尚能饭否？当尤因抵达奥兰多，他已经不再是麦迪第一次打进季后赛时那个横亘在前不可撼动的纽约霸主，而是处在职业生涯最后一年的暮年老将。尽管麦迪在赛季前曾许诺带给尤因一个总冠军，但当年阵容不整的魔术队并不具备夺冠的实力，最后，总冠军戒指的缺失成了这两位伟大球员共同的遗憾。

中国情缘

CHINA

在2004年以前，麦迪在中国球迷心中的印象是2000年扣篮大赛里猛龙双星里给卡特打辅助的那位，是魔术队那个无视防守的联盟得分王，是那个被媒体吹嘘成“乔丹接班人”但还没能闯过季后赛第一轮的年轻人。他在中国有球迷，但他跟科比、艾弗森等人一样，只是联盟里那些遥远的超级巨星之一，没什么特别的。

直到麦迪加盟休斯敦火箭队，大量因为姚明而特别关注这支球队的中国球迷，才第一次真正看见了他。麦迪不再是别人家的遥远巨星，他落户休斯敦，在感情上也一同落户到中国，成为“我们”中的一员。不仅因为他天马行空的进攻方式，那些快攻和暴扣，那些精妙的传球和得分所带来的视觉震撼，更因为那些年我们看着火箭队和麦迪走过的一幕幕，35秒13分、22连胜和每一次季后赛的希望、热血和泪水，全部化作浓厚的情感纽带，将中国球迷与麦迪系在了一起。

2006年，他在中国的球衣销量第一次超过姚明，排到了联盟第一的位置。2009年，他开启中国行，在合肥，他被人山人海簇拥环绕。即使他离开了火箭队，在活塞队的那一年，腾讯直播间里支持他所在球队的人气值也依然上亿。

“跟姚明成为队友之后，我的个人品牌价值增长了50倍。”麦迪后来说。同样让他津津乐道的是2007—2008赛季火箭队与雄鹿队的那场比赛，那是易建联在进入联盟后首次遭遇姚明的火箭队，NBA第一次上演“中国德比”，仅在中国，那场比赛的观众人数就超过了两亿人。

麦迪清楚自己被中国球迷热爱着，他也同样爱着中国球迷的爱。当他结束NBA的旅程时，他来到中国加盟CBA的青岛双星队，他希望更多的中国球迷能够在现场看到他的比赛，他说这是对他们多年支持的回馈。但另一方面，他也渴望重拾爱与关注，很多年以后他会承认，他希望再一次被簇拥、被欢呼，站在聚光灯下享受万人瞩目。

他在CBA的球场成绩不算好，但卖爆了每一个客场的球票，也吸引了7万人次来到青岛队的主场。无论他的职业生涯在大洋彼岸如何黯淡，在中国，麦迪这个名字依然是闪亮的招牌。那一年，他以压倒性的票数优势成为CBA全明星票王，这充分说明他在中国的人气，尽管他最终因个人原因并未参加。

麦迪虽然只在CBA效力了一个赛季，但他的到来将CBA的影响力提升了一个

EAGLES

MEMORIAL

档次，这也帮助了CBA吸引到更多外援，甚至推动了联赛整体快速发展。

2015年，麦迪在中国展开了名为“终极一战”的商业巡回赛，他带领自己召集的麦迪明星篮球队在15个城市进行了巡回比赛。“我很珍惜在球场上打球的机会，并没有把比赛当作一场商业表演，我要做的是回馈中国的球迷。”麦迪如是说，于是在短短一个月的时间里，尽管只是商业比赛，但他打得非常认真。8月7日，在巡回赛最后一场对阵上海男篮的比赛之前，麦迪举办了退役仪式，宣布自己正式结束篮球生涯。

作为在21世纪初惊艳过全世界的超级巨星，麦迪在NBA也曾被万人欢呼MVP。但当职业生涯结束的那一刻，在这个他称呼为“第二故乡”的地方，过往的光影从他眼前掠过，麦迪数次落下泪来，他比任何时候都清楚，只有在中国，他才拥有最长久真挚的爱。

麦迪与科比

M&K

麦迪的职业生涯开启于阿迪达斯，而当时，阿迪达斯还有另一个高中生球星作为他们的招牌，那就是科比·布莱恩特。所以，当麦迪接受阿迪达斯的邀约、打算跳级进入NBA的时候，阿迪达斯为了让他更好地适应联盟环境，做了一个很简单的决定：让科比和麦迪成为好朋友。

于是，麦迪在那个暑假就住到了科比的家里，他们一起训练，关系很快变得亲密。当时科比19岁，麦迪18岁，都是年轻的篮球天才。麦迪拥有更好的身体条件，他更高、运动能力也更强。而科比的努力更让麦迪动容，“我从小生长的环境里没有这么努力的人，”他说，“所以我从他身上学习到了什么叫职业精神。”

在不训练的时候，科比会开着他那辆黑色的宝马，载着麦迪在洛杉矶街道上转悠，一路上放着科比喜爱的歌曲。麦迪现在还记得，那是一个叫“武当派”的嘻哈组合，科比硬逼着他天天听这个组合的歌，带他去看空手道比赛、关于乔丹的各种录像。他们一起憧憬着未来。

杰里·韦斯特曾试图把这两个人组成一队。在麦迪来洛杉矶试训以后，韦斯特就对麦迪赞不绝口，他想了不少办法想要向上交易高位选秀权，把麦迪签下来跟“OK组合”同场作战。那会是个天才的搭配，这个时代最具天赋的两位得分后卫，加上奥尼尔这个历史统治级的中锋，或许湖人队将不只是获得三连冠。但遗憾的是，这个策划没能成功，麦迪最终去了多伦多。

但麦迪在多伦多过得并不好，他的主教练公开宣称麦迪“最多只能在联盟打四年”。他在多伦多几乎没有朋友，也不适应那里的天气，如果不需要比赛，他一天可以睡上20个小时，唯一的乐趣是给朋友和家人打电话，而科比，就是他最常通话的朋友之一。他们什么都聊，篮球、人生、女朋友，科比那时候还很天真，成天嚷嚷着要“英年早逝”，他渴望超越乔丹，然后最好下一秒就死去，这样他留给世界的记忆将永远是最辉煌的定格。

这是科比与麦迪最大的不同。科比拥有巨大的野心，他总是希望能够征服世界，他的好胜心之强，到了“连喝一杯咖啡都要比谁喝得更快”的地步。麦迪讲过一个小故事，某一年休赛期，麦迪说他要去练体能，而科比“骗”他说休赛期不需要训练，结果麦迪信以为真地放松了一段时间，结果等他再去力量房想要

LAKERS
8

NBA
Magic

McGRADY
1

活动的时候，就看见科比在那里挥汗如雨——“科比就是这样的人，”麦迪感叹说，“他总是希望在某件事上赢过你。”

科比的竞争意识一直让麦迪敬佩，但他们也都承认，这是他们后来逐渐疏远的原因。当麦迪到了奥兰多，成为联盟最佳得分手，他成了科比的官方指定对手，于是他们无法再像从前那样每个夏天都住在一起玩闹、训练，而是把友情和尊敬藏在了心里。另一方面，麦迪也非常感谢科比离开阿迪达斯的决定，因为他因此成为品牌的头号球星，也因此享受到超级巨星的待遇。

但抛开利益和对抗的关系，他们之间对彼此的感情和尊敬始终真挚。很多年后，当科比成为历史上最伟大的篮球运动员之一，麦迪的职业生涯一路走低，科比依然会对媒体宣称，他面对过最强大的对手不是迈克尔·乔丹，而是特雷西·麦克格雷迪。

麦迪和科比就像一块磁石的两极。他们有着许许多多的相似点，这让他们迅速成为密友；但他们却又如此不同，因此，在职业生涯的高低起伏里，他们得到了完全不同的评价。但无论如何，麦迪和科比是21世纪初最值得记住的两个得分后卫，是一代人青春记忆里最耀眼的巨星。

麦迪 VS 科比交锋战绩

日期	比赛赛果	
1998 年 4 月 1 日	湖人队 114 ： 105 猛龙队	
1999 年 12 月 20 日	湖人队 94 ： 88 猛龙队	
2001 年 3 月 18 日	湖人队 95 ： 90 猛龙队	
2001 年 11 月 11 日	魔术队 95 ： 108 湖人队	
2002 年 1 月 31 日	湖人队 111 ： 93 猛龙队	
2002 年 11 月 27 日	湖人队 102 ： 112 猛龙队	
2002 年 12 月 16 日	魔术队 84 ： 107 湖人队	
2004 年 3 月 16 日	魔术队 110 ： 113 湖人队	
2005 年 1 月 8 日	火箭队 104 ： 111 湖人队	
2005 年 4 月 8 日	火箭队 114 ： 100 湖人队	
2005 年 12 月 19 日	火箭队 76 ： 74 湖人队	
2006 年 2 月 9 日	湖人队 89 ： 78 火箭队	
2007 年 1 月 11 日	湖人队 77 ： 102 火箭队	
2007 年 3 月 31 日	火箭队 107 ： 104 湖人队	
2007 年 10 月 31 日	火箭队 95 ： 93 湖人队	
2007 年 11 月 15 日	湖人队 93 ： 90 火箭队	
2008 年 3 月 17 日	湖人队 92 ： 104 火箭队	
2008 年 11 月 10 日	火箭队 82 ： 111 湖人队	
2010 年 11 月 18 日	湖人队 103 ： 90 活塞队	
2011 年 1 月 5 日	活塞队 83 ： 108 湖人队	
2012 年 2 月 15 日	老鹰队 78 ： 111 湖人队	

	麦迪				科比			
	上场时间	得分	篮板	助攻	上场时间	得分	篮板	助攻
	16	2	3	2	25	17	2	5
	24	8	3	1	40	26	3	3
	42	29	10	5	36	16	2	7
	40	22	7	0	32	28	5	8
	40	22	10	3	45	23	8	4
	42	38	6	9	46	38	10	4
	22	21	3	0	33	21	6	8
	47	37	7	10	44	38	3	4
	47	26	4	8	45	27	5	10
	41	27	4	7	41	19	10	10
	35	20	8	4	37	24	2	6
	34	11	4	7	45	32	3	9
	35	8	5	12	34	20	6	1
	44	30	5	10	47	53	2	2
	40	30	6	4	42	45	8	4
	18	9	1	2	38	30	8	5
	39	11	3	6	47	24	7	2
	32	3	2	4	32	23	3	3
	15	3	2	0	31	33	9	4
	25	14	2	6	29	17	7	8
	15	5	6	0	34	10	4	4

球衣号码

1号

1997年的选秀大会上，高中生球员麦迪在首轮第9顺位被猛龙队选中，之后他选择1号作为球衣号码。麦迪选择1号，是因为他想要追随他的偶像安芬尼·哈达威，他曾经表示希望成为NO.1。而在NBA的大部分时光，麦迪穿的都是1号球衣，从猛龙队到魔术队，再到2009—2010赛季前的火箭队，麦迪都身穿1号球衣征战赛场。后来麦迪提出换号申请，但在2010年加盟活塞队的时候，他就把1号球衣重新穿上了。之后麦迪又加盟老鹰队、马刺队，同样身穿1号球衣。

1号－火箭队时期

3 号

在 2009—2010 赛季中期，麦迪向联盟提交了换号申请，并获得了联盟的批准。3 号是麦迪高中时期穿过一段时间的球衣号码，麦迪换成 3 号，是为了推广他的“三分援助计划”，从而让大家来关注他的“达尔富尔梦之队”和《三分》纪录片。

6 号

这是麦迪在 2003 年代表美国梦之队参加美洲男篮锦标赛的号码。

9 号

2012 年 10 月 10 日，麦迪宣布离开 NBA，加盟 CBA 青岛双星雄鹰俱乐部。加盟 CBA 之后，麦迪改穿了 9 号球衣，这是麦迪在中国的幸运号码，也是为了纪念他在选秀大会时的顺位。

荣誉与数据

ROCKETS
1

生涯荣誉

高中时期

1996 年	阿迪达斯 ABCD 训练营 MVP
1997 年	《USA Today》年度最佳高中球员
	麦当劳高中全明星
	北卡罗来纳州年度最佳高中球员

NBA 时期

2000 年	扣篮大赛季军
2000—2001 赛季	最佳阵容二阵
	全明星
	进步最快球员
2001 年 2 月	月最佳球员
2001—2002 赛季	最佳阵容一阵
	全明星
2002 年 2 月	月最佳球员
2002—2003 赛季	最佳阵容一阵
	全明星
	得分王
2002 年 11 月	月最佳球员
2003 年 3 月	月最佳球员
2003 年	《体育画报》孩童票选“最喜欢的运动员”
	总经理投票最有运动能力球员
	体育新闻栏目“Good Guys in Sports”
	职业运动员典范之一
	Rich and Helen DeVos 社区致富奖
2003—2004 赛季	最佳阵容二阵
	全明星
	得分王
2004—2005 赛季	最佳阵容三阵
	全明星
2005—2006 赛季	全明星
2006—2007 赛季	最佳阵容二阵
	全明星
2007—2008 赛季	最佳阵容三阵
2008 年	NBA 社区援助奖
2017 年	NBA 篮球名人堂

ROCKET
1
adidas

生涯单场最高纪录

单场得分： 62 分（2004 年 3 月 10 日对阵华盛顿奇才队）

半场得分： 37 分（2003 年 3 月 9 日对阵丹佛掘金队上半场）

单节得分： 25 分（2003 年 3 月 9 日对阵丹佛掘金队第二节）

季后赛得分： 46 分（2003 年季后赛东部第一轮对底特律活塞队第二战）

单场三分球： 16 次（2003 年 2 月 2 日对阵亚特兰大老鹰队）

半场三分球： 8 个（2004 年 1 月 26 日对阵克利夫兰骑士队）

投篮命中： 20 次（2 次）

出手次数： 37 次（2 次）

罚球命中： 18 次（2002 年 12 月 25 日对阵底特律活塞队）

罚球次数： 26 次（2004 年 3 月 10 日对阵华盛顿奇才队）

进攻篮板： 10 个（2000 年 2 月 29 日对阵芝加哥公牛队）

防守篮板： 12 个（3 次）

篮板总数： 17 个（2002 年 2 月 3 日对阵圣安东尼奥马刺队）

助攻： 16 次（2007 年 4 月 30 日对阵犹他爵士队）

抢断： 6 次（2002 年 3 月 15 日对阵丹佛掘金队）

盖帽： 7 个（2000 年 3 月 19 日对阵休斯敦火箭队）

上场时间： 55 分钟（2003 年 2 月 28 日对阵纽约尼克斯队）

经历的最长连胜纪录： 22 连胜

（休斯敦火箭队 2008 年 1 月 29 日—2008 年 3 月 17 日）

命中率： 100%（2008 年 11 月 8 日对阵洛杉矶快船队）

NBA常规赛场均数据

赛季	球队	出场	首发	上场时间	投篮命中数	投篮出手数	投篮命中率	三分命中数	三分出手数	三分命中率
1997—1998赛季	猛龙队	64	17	18.4	2.8	6.2	45.0%	0.2	0.6	34.1%
1998—1999赛季	猛龙队	49	2	22.6	3.4	7.9	43.6%	0.2	0.7	22.9%
1999—2000赛季	猛龙队	79	34	31.2	5.8	12.9	45.1%	0.2	0.8	27.7%
2000—2001赛季	魔术队	77	77	40.1	10.2	22.4	45.7%	0.8	2.2	35.5%
2001—2002赛季	魔术队	76	76	38.3	9.4	20.9	45.1%	1.4	3.7	36.4%
2002—2003赛季	魔术队	75	74	39.4	11.1	24.2	45.7%	2.3	6	38.6%
2003—2004赛季	魔术队	67	67	39.9	9.7	23.4	41.7%	2.6	7.7	33.9%
2004—2005赛季	火箭队	78	78	40.8	9.2	21.3	43.1%	1.8	5.6	32.6%
2005—2006赛季	火箭队	47	47	37.1	8.7	21.5	40.6%	1.6	5	31.2%
2006—2007赛季	火箭队	71	71	35.8	9	20.8	43.1%	1.8	5.4	33.1%
2007—2008赛季	火箭队	66	62	37	8.3	19.8	41.9%	1.3	4.5	29.2%
2008—2009赛季	火箭队	35	35	33.7	5.4	13.9	38.8%	1.3	3.3	37.6%
2009—2010赛季	火箭队 / 尼克斯队	30	24	22.4	3	7.8	38.7%	0.5	2.1	25.0%
2010—2011赛季	活塞队	72	39	23.4	3.2	7.1	44.2%	0.4	1.2	34.1%
2011—2012赛季	老鹰队	52	0	16.1	1.9	4.4	43.7%	0.3	0.6	45.5%
生涯		938	703	32.7	7.2	16.4	43.5%	1.2	3.4	33.8%

两分命中数	两分出手数	两分命中率	罚球命中数	罚球出手数	罚球命中率	篮板	助攻	抢断	盖帽	失误	犯规	得分
2.6	5.6	46.2%	1.2	1.7	71.2%	4.2	1.5	0.8	1	1	1.3	7
3.3	7.1	45.7%	2.3	3.2	72.6%	5.7	2.3	1.1	1.3	1.6	1.9	9.3
5.6	12.1	46.3%	3.5	5	70.7%	6.3	3.3	1.1	1.9	2	2.5	15.4
9.5	20.2	46.8%	5.6	7.6	73.3%	7.5	4.6	1.5	1.5	2.6	2.1	26.8
8.1	17.1	47.0%	5.5	7.3	74.8%	7.9	5.3	1.6	1	2.5	1.8	25.6
8.7	18.2	48.1%	7.7	9.7	79.3%	6.5	5.5	1.7	0.8	2.6	2.1	32.1
7.1	15.7	45.5%	5.9	7.5	79.6%	6	5.5	1.4	0.6	2.7	1.9	28
7.3	15.7	46.8%	5.5	7.1	77.4%	6.2	5.7	1.7	0.7	2.6	2.1	25.7
7.2	16.5	43.4%	5.4	7.2	74.7%	6.5	4.8	1.3	0.9	2.6	1.9	24.4
7.2	15.5	46.6%	4.9	6.9	70.7%	5.3	6.5	1.3	0.5	3	1.9	24.6
7	15.3	45.7%	3.7	5.4	68.4%	5.1	5.9	1	0.5	2.4	1.4	21.6
4.1	10.5	39.1%	3.6	4.5	80.1%	4.4	5	1.2	0.4	2	1.1	15.6
2.5	5.7	43.9%	1.6	2.1	74.6%	3.1	3.3	0.5	0.5	1.5	1.3	8.2
2.7	5.9	46.2%	1.3	1.8	69.8%	3.5	3.5	0.9	0.5	1.4	1.4	8
1.7	3.8	43.4%	1.1	1.6	67.5%	3	2.1	0.3	0.3	1	0.7	5.3
6	13	46.1%	4.1	5.5	74.6%	5.6	4.4	1.2	0.9	2.2	1.8	19

NBA季后赛场均数据

赛季	球队	出场	首发	上场时间	投篮命中数	投篮出手数	投篮命中率	三分命中数	三分出手数	三分命中率
1999—2000赛季	猛龙队	3	3	37	5.7	14.7	38.6%	0.7	2.3	28.6%
2000—2001赛季	魔术队	4	4	44.5	12.8	30.8	41.5%	0.5	2.5	20.0%
2001—2002赛季	魔术队	4	4	44.5	10.5	22.8	46.2%	1.3	4	31.3%
2002—2003赛季	魔术队	7	7	44	10.6	23.6	44.8%	2.3	6.7	34.0%
2004—2005赛季	火箭队	7	7	43	11.1	24.4	45.6%	2.4	6.6	37.0%
2006—2007赛季	火箭队	7	7	40	9	22.9	39.4%	1.3	5.1	25.0%
2007—2008赛季	火箭队	6	6	41.2	10.3	24.3	42.5%	0.8	4	20.8%
2011—2012赛季	老鹰队	6	0	15	1.7	4.3	38.5%	0	0.7	0%
2012—2013赛季	马刺队	6	0	5.2	0	1.2	0%	0	0.5	0%
生涯		50	38	34.5	7.9	18.7	42.6%	1.1	3.9	29.0%

两分命中数	两分出手数	两分命中率	罚球命中数	罚球出手数	罚球命中率	篮板	助攻	抢断	盖帽	失误	犯规	得分
5	12.3	40.5%	4.7	5.3	87.5%	7	3	1	1	3.3	3.3	16.7
12.3	28.3	43.4%	7.8	9.5	81.6%	6.5	8.3	1.8	1.3	2	2.8	33.8
9.3	18.8	49.3%	8.5	11.5	73.9%	6.3	5.5	0.5	1.8	3.3	2.8	30.8
8.3	16.9	49.2%	8.3	10.7	77.3%	6.7	4.7	2	0.9	3.7	2.3	31.7
8.7	17.9	48.8%	6	7.3	82.4%	7.4	6.7	1.6	1.4	3.7	2.9	30.7
7.7	17.7	43.5%	6	8.1	73.7%	5.9	7.3	0.7	0.9	3	1.7	25.3
9.5	20.3	46.7%	5.5	8.8	62.3%	8.2	6.8	1.5	0.8	3	1.3	27
1.7	3.7	45.5%	0.8	1	83.3%	2.8	1	0	0.3	1.7	0.7	4.2
0	0.7	0%	0	0	0%	1.3	1.2	0.3	0.5	0.3	0.2	0
6.8	14.8	46.1%	5.2	6.8	75.7%	5.7	5	1.1	0.9	2.7	1.9	22.2

CBA 常规赛场均数据

赛季	球队	出场	首发	上场时间	投篮命中数	投篮出手数	投篮命中率	三分命中数	三分出手数	三分命中率
2012—2013赛季	青岛双星队	29	26	31.8	8.2	16.6	49.6%	1.6	4.8	33.3%

NBA 全明星赛数据

赛季	球队	出场	首发	上场时间	投篮命中数	投篮出手数	投篮命中率	三分命中数	三分出手数	三分命中率	罚球命中数
2000—2001赛季	魔术队	1	1	21	1	4	25.0%	0	1	0.0%	0
2001—2002赛季	魔术队	1	0	23	9	15	60.0%	2	4	50.0%	4
2002—2003赛季	魔术队	1	1	36	10	17	58.8%	4	7	57.1%	5
2003—2004赛季	魔术队	1	1	21.9	5	11	45.5%	1	6	16.7%	2
2004—2005赛季	火箭队	1	1	23.9	4	13	30.8%	0	4	0%	0
2005—2006赛季	火箭队	1	1	26.7	15	26	57.7%	4	10	40.0%	2
2006—2007赛季	火箭队	1	1	18.4	3	8	37.5%	2	5	40.0%	0
生涯		7	6	24.4	6.7	13.4	50.0%	1.9	5.3	35.1%	1.9

两分命中数	两分出手数	两分命中率	罚球命中数	罚球出手数	罚球命中率	篮板	助攻	抢断	盖帽	失误	犯规	得分
6.7	11.9	56.1%	7	9.6	73.3%	7.2	5.1	1.6	0.6	2.8	2.4	25

罚球出手数	罚球命中率	篮板	助攻	抢断	盖帽	失误	犯规	得分	盖帽	失误	犯规	得分
0	0%	1	0	2	1	4	0	2	0.6	2.8	2.4	25
4	100.0%	3	4	3	0	1	1	24	0.6	2.8	2.4	25
6	83.3%	5	2	0	0	1	3	29	0.6	2.8	2.4	25
4	50.0%	4	3	0	0	1	0	13	0.6	2.8	2.4	25
0	0%	5	5	3	2	3	1	8	0.6	2.8	2.4	25
7	28.6%	0	2	1	0	1	1	36	0.6	2.8	2.4	25
0	0%	3	11	2	0	3	0	8	0.6	2.8	2.4	25
3	61.9%	3	3.9	1.6	0.4	2	0.9	17.1	0.6	2.8	2.4	25

巨星评价

Basketball

RAPTORS
1

“这样的事（35 秒 13 分），其他球员 200 年做一次，而麦迪 50 年做一次。”

——姚明

“在我进入 NBA 之前，我只知道一个人，他就是火箭队的 1 号。”

——德怀特·霍华德

“不要说做麦迪的队友，我能成为他的球迷已经感到很荣幸了。”

——昌西·比卢普斯

“我可以防住乔丹，但是让我来防麦迪，我宁愿选择退场。”

——凯文·加内特

“幸好麦迪不在那个时代，否则我可能一个总冠军也得不到。”

——比尔·拉塞尔

“如果麦迪在我面前拿到100分，我一点也不感到奇怪。”

——拉里·伯德

“麦迪可以在身体不扭曲的情况下投篮，巅峰时期的他每天晚上可以砍下30+6+5的数据，没人能阻止他。”

——凯文·杜兰特

“如果你问我谁是最难防守的球员，答案是麦迪，因为他无所不能，三分球，假动作，中距离投篮，无所不能。”

——科比·布莱恩特

“麦迪是我见过的所有篮球运动员中天赋最高的，甚至连迈克尔·乔丹和科比·布莱恩特都要往边上靠。”

——格兰特·希尔

“麦迪的天赋不逊于我见过的任何一名球员，包括乔丹、伯德这些历史级巨星。”

——德怀特·霍华德

“他的扣篮真的是爆炸性的，防守他一点都不能打瞌睡，你还没回过神来，他已经飞起来了。”

——阿朗佐·莫宁

“麦迪让比赛显得简单，因为他实在是太有统治力了。”

——文斯·卡特

ROCKETS
1

RAPTORS
1

麦迪小档案

中文名： 特雷西·麦克格雷迪

英文名： Tracy McGrady

昵称： T-Mac、南瓜头、The Big Sleep

出生日期： 1979 年 5 月 24 日

出生地： 美国佛罗里达州巴托市

星座： 双子座

血型： O 型

成长： 美国佛罗里达州奥本代尔市

毕业院校： 蒙特锡安山基督学院（高中）

选秀： 1997 年首轮第 9 顺位被多伦多猛龙队选中

身高： 203cm

体重： 101.2kg

臂展： 218cm

弹跳： 助跑跳 109cm

效力球队： 多伦多猛龙队、奥兰多魔术队、休斯敦火箭队、纽约尼克斯队、底特律活塞队、亚特兰大老鹰队、圣安东尼奥马刺队、青岛双星队

球衣： 1 号、3 号、6 号、9 号

退役时间： 2013 年 8 月 26 日